LEONARDO RÁSICA

Leonardo Rásica nasceu na cidade de São Paulo em 1972. Formado em Medicina Veterinária, especializou-se em Produção Animal pela Universidade Autônoma de Barcelona (UAB).

Trabalhou não só nessa área, mas também com reportagem, redação e edição de algumas revistas. Tem pesquisado acontecimentos espirituais relacionados ao holocausto da Segunda Guerra Mundial junto com uma associação de pesquisadores e sobreviventes de Nova York, tendo se tornado membro honorário e seu representante na América do Sul.

No final da década de 1990, estudou o fenômeno da transcomunicação instrumental particularmente durante o período em que frequentou a casa da escritora Hilda Hilst, que fez diversos experimentos na área.

Tem interesse especial pela área dos sonhos e fenômenos associados, como premonições, retrocognições, contatos espirituais e sincronicidades. Mantém um diário de sonhos desde 1997, de onde provém parte da inspiração para seus livros.

Desses sonhos Leonardo também recebeu informações, tanto do passado como do futuro, que foram posteriormente confirmadas. Vários exemplos desses fenômenos estão relatados em seu primeiro livro, *Fantasmas do tempo*, publicado pela Editora Vida & Consciência em 2004.

Viveu, nos últimos anos, em São Paulo, no Rio de Janeiro, na Espanha, na Itália e na Croácia. Atualmente, além de escrever, atua com tradução e revisão de textos em inglês, espanhol, italiano e francês.

Dedicado à memória de
José Carlos Nunes, Kátia Cabello e
Nathália Espinheira Manso Sayão.

© 2011 por Leonardo Rásica

Capa e projeto gráfico: Regiane Stella Guzzon
Diagramação: Andreza Bernardes
Preparação e revisão: Melina Marin

1ª edição — 1ª impressão
3.000 exemplares — março 2012

Dados Internacionais de Catalogação na Publicação (CIP)
(Câmara Brasileira do Livro, SP, Brasil)

Rásica, Leonardo
Sinais da espiritualidade / Leonardo Rásica. --
Centro de Estudos Vida & Consciência Editora, 2011.

ISBN 978-85-7722-191-2

1. Espiritualidade 2. Espiritismo - Estudo de casos I. Título.

11-09430   CDD-133.9

Índices para catálogo sistemático:
1. Espiritualidade : Espiritismo 133.9

Todos os direitos reservados. Nenhuma parte desta edição pode
ser utilizada ou reproduzida, por qualquer forma ou meio, seja
ele mecânico ou eletrônico, fotocópia, gravação etc., tampouco
apropriada ou estocada em sistema de banco de dados, sem a
expressa autorização da editora (Lei nº 5.988, de 14/12/1973).

Este livro adota as regras do novo acordo ortográfico (2009).

Editora Vida & Consciência
Rua Agostinho Gomes, 2.312 – São Paulo – SP – Brasil
CEP 04206-001
editora@vidaeconsciencia.com.br
www.vidaeconsciencia.com.br

SINAIS DA ESPIRITUALIDADE

Leonardo Rásica

SUMÁRIO

10. Prefácio

14. O visitante

48. Rebelião

64. O aprendizado

78. Íside - um engano disfarçado de lógica

92. A estátua de sal

104. Mais sobre almas paradas

110. A história de Cármina

124. O eixo do mal

130. A "criança de Hitler" e a grande ameaça

142. Íside fala sobre a grande ameaça

148. A lápide

162. Missão e intolerância

168. Irene

192. O diário de Diana - a heroína dos Bálcãs

210. Epílogo

PREFÁCIO

As vozes que um dia falaram a Platão, Parmênides e Heráclito voltarão a falar ao espírito do homem moderno.

(Terence McKenna)

Revolucionário será aquele que conseguir revolucionar a si mesmo.

(Ludwig Wittgenstein)

Meus sonhos sabem que sou desconfiado. Sabem que, na maioria das vezes, só acredito no que sei, o que no meu caso se resume ao que vem de dentro, ou ao que, vindo de fora, encontra ressonância no que está dentro.

Por isso são tão vívidos, detalhados e cheios de significado — não querem ser, de maneira alguma, ignorados ou esquecidos. Pelo mesmo motivo, podem ser bastante temperamentais. Quando não os escuto, eles gritam, irritados.

Sempre procurei lhes dar a devida importância. Houve, porém, um intervalo de tempo em minha vida em que, por circunstâncias de que falarei mais adiante, eu me encontrava surdo para o que os sonhos me diziam.

O apego a coisas e situações que deveriam estar definitivamente no passado fazia com que eu negligenciasse sinais do presente e do futuro, comprometendo-os. Esse apego me paralisou durante anos — essa é a palavra exata.

Cansados de gritar por minha atenção, meus sonhos resolveram lançar mão de um recurso extremo. Enviaram-me, por meio deles mesmos, um espírito de luz que se encarregaria de me redespertar.

O espírito cumpriu seu papel. Despertou-me. Também me fez lembrar que não era a primeira entidade a me oferecer orientação, sabedoria e inspiração. Outras já haviam feito isso. Mas todas as mensagens tinham alguns pontos em comum.

Falavam do amor incondicional, da necessidade de evolução espiritual e da responsabilidade que a acompanha, dos entraves e armadilhas do apego e da dádiva do livre-arbítrio.

A vida às vezes parece um intrincado quebra-cabeça. Mesmo quando determinados canais de percepção se abrem, embora nosso saber se torne mais vasto, observamos melhor também a vastidão desse quebra-cabeça. O saber é uma ilha, a ignorância, um oceano. Conforme a ilha cresce, cresce também a superfície de contato com o oceano.

O paradoxo do saber é que quanto mais aprendemos, mais percebemos a magnitude do quanto ainda ignoramos. Mas o que resulta desse paradoxo é bom, e chama-se humildade — qualidade imprescindível para a evolução do ser humano. A humildade afasta o autoengano e propicia a lucidez.

É com humildade, portanto, que reconheço quantas coisas aprendi ao passar pelo processo profundamente transformador que narro neste livro e quantas outras ainda ignoro.

Voltemos a falar sobre o livre-arbítrio e da responsabilidade que ele nos traz.

O livre-arbítrio é uma das mais preciosas dádivas que recebemos. No entanto, ao pensar nesse magnífico dom que literalmente nos abre todas as possibilidades, sou tomado por certa sensação de urgência.

Isso porque sei que nunca, desde o início dos tempos, nosso livre-arbítrio teve poder tão decisivo nos resultados que determinarão o futuro do nosso planeta e da nossa espécie.

Chega ao fim um tempo em que parecia suficiente abster-se do mal. A ocasião conclama à tomada de consciência, ao reconhecimento da missão de cada um e à ação em consequência.

Uma conhecida profecia maia anuncia o fim do mundo para o ano de 2012.

Hollywood já aproveitou para faturar com essa profecia, mas na vida real, talvez 2012 seja apenas o início, ainda pouco perceptível, de um fim.

O que vem aumentando é o número e a qualificação de pessoas que chegam à conclusão de que até mais ou menos 2020 ocorrerá, de fato, um fim de mundo. Mas não o cataclísmico fim "do" mundo que mostram os filmes, e sim o fim "de um" mundo — a civilização que conhecemos não poderá durar mais se permanecer impregnada de qualidades como o individualismo, a exploração de povos inteiros por pessoas cheias de ganância, a devastação do meio ambiente por grupos igualmente ávidos, a intolerância, a indiferença, a falta de conexão com a dimensão espiritual, com a Natureza e com suas forças elementais, e o *apego*! Como poderia deixar de citar o apego, cujas consequências podem ser tão funestas? O apego foi talvez o maior entrave que encontrei na jornada que relato neste livro — e ainda mais insidioso porque vinha disfarçado de sentimentos mais nobres, como amor e lealdade.

A lista poderia seguir por páginas e páginas.

Tão nociva quanto a agressividade dos exploradores é a passividade mental e espiritual da maioria dos explorados. Nem todas as prisões têm suas grades visíveis; muitas se disfarçam de liberdade.

De cada um será requerido o uso ativo de seu livre-arbítrio. Todos deverão agir. Chega ao fim o tempo da mera contemplação. Estou certo de que é a esse "fim de mundo" que se referem as previsões — o fim da atual ordem das coisas e o início de outra, cujos princípios predominantes serão a valorização da dimensão espiritual, a sintonia com a natureza e a harmonia entre pessoas, comunidades e povos. A competição dará lugar à cooperação, e o individualismo, ao altruísmo.

Essa mudança será provocada pelo reconhecimento da importância da evolução espiritual. A consequente transformação de prioridades e valores extinguirá ideias e dogmas prejudiciais ao aperfeiçoamento do espírito, à humanidade e ao próprio planeta.

Ao longo dessa transição, todos devem se considerar responsáveis.

Cada um deve se considerar um guerreiro do bem.

Cada um de vocês pode fazer a diferença.

As pessoas devem começar a prestar atenção, a pensar por si mesmas e a praticar o desapego.

Mas devem aprender sobretudo a agir de acordo com o coração.

O VISITANTE

Sob certas condições particulares, as antenas da alma são capazes de atingir muito além de nossas capacidades físicas.
(Goethe)

A visão interior permitiu que eu visse coisas de outra dimensão mais claramente que aquelas deste mundo.
 (Emmanuel Swedenborg)

Desde minha primeira visita à Casa do Sol, como Hilda Hilst chamava o casarão em que vivia, em uma chácara próxima a Campinas, ela me alertou quanto à peculiaridade de sua morada:

— Aqui acontecem coisas fascinantes. Você só acreditaria vendo.

Ao lhe responder que eu poderia ter a mente bastante aberta em relação a certos fenômenos, ela insistiu:

— Não, você só acreditaria se visse e ouvisse. O que acontece aqui é deslumbrante demais.

Conheci a escritora em abril de 1997. Ela tinha então 67 anos. Durante o resto de 1997 eu a visitava quase todos os finais de semana. Além da enriquecedora companhia de Hilda, sua Casa do Sol ficava bem no caminho entre São Paulo e meu sítio, em Lindoia, um estímulo a mais para que eu passasse a frequentá-la tão amiúde.

Por diversas vezes pernoitei na Casa do Sol. Embora de fato sentisse a magia da qual Hilda falava, nos primeiros meses não presenciei nenhum dos milagres que ela dizia ocorrerem com tanta frequência ali.

•••••

Hilda falava de coisas realmente extraordinárias, como avistamentos de frotas de óvnis e aparições de espíritos. Muitos desses fenômenos haviam sido testemunhados também por amigos, vizinhos e hóspedes da casa.

Certa vez, contou-me de um pacto feito com seu amigo, o escritor Caio Fernando Abreu.

— Ele estava doente, sabia que não viveria muito tempo. Um dia, ao telefone, disse que quando morresse viria me visitar. Combinamos que, se estivesse tudo bem, ele usaria algo vermelho na roupa. Algumas horas depois de sua morte, ele apareceu para mim, à noite. Eu o abracei, emocionada, e vi que estava usando um lenço vermelho no pescoço.

Havia também seus experimentos com a transcomunicação durante a década de 1970. Hilda guardava em algum lugar daquela casa rolos de fitas com gravações de ondas radiofônicas que conteriam vozes de espíritos, entre eles o de sua mãe.

— Fui meticulosa, fiz tudo cientificamente, nos moldes de Jürgenson — contava ela, referindo-se ao pesquisador sueco pioneiro em tais estudos. — Cheguei a pedir aos físicos da Unicamp uma Gaiola de Faraday, que impossibilita a interferência de sinais eletromagnéticos. Nenhum deles se interessou. Mas eu sei o que ouvi!

Hilda se ressentia com a reação dos físicos, alguns deles amigos seus de longa data.

— Os meus experimentos eram de abalar as estruturas, e é disso que eles têm medo. Uma constatação assim seria fatal à visão que eles têm do mundo, entende? — explicava, inconformada. — Alguns chegavam a me dizer que se isso fosse verdade, eles teriam que recomeçar do zero e repensar toda a física. "Pois, então, recomecem!", eu respondia.

Tais experimentos geraram uma longa entrevista ao programa *Fantástico*, além de matérias nas revistas *Planeta*, *Veja* e *Isto é*.

Hilda sempre mencionava sua intenção de transformar aquela casa em um centro de estudos sobre a imortalidade da alma que batizaria com o nome de seu pai, Apolonio de Almeida Prado Hilst.

• • • • •

O final de 1997 foi difícil para Hilda.

Havia dificuldades financeiras, e estas, por sua vez, não podiam ser resolvidas por causa de entraves burocráticos. Muitos de seus amigos, que somente agora ela percebia não serem tão sinceros, passaram a evitar qualquer contato com ela, com medo de que ela pedisse dinheiro emprestado.

Quanto aos verdadeiros amigos, esses pareciam, como que por uma trama do destino, estar também passando pelas mais diversas dificuldades. Um deles, que lhe seria de grande valia em seus últimos anos de vida, naquela ocasião passava por um grave problema de saúde. Outro estava internado sob tratamento psiquiátrico. Hilda não tivera filhos e não tinha relação próxima com parentes. Estava muito só.

Havia outro fator que complicava sua situação. Meses antes de nos conhecermos, Hilda fizera amizade com um rapaz que trabalhava ali nas proximidades.

Inicialmente, ela simpatizou com ele, achando-o inteligente e prestativo, a ponto de chamá-lo para ser algo entre seu secretário e administrador da Casa do Sol, coisa de que realmente necessitava.

Além de ser a casa, em si, muito grande, com diversos cômodos, uma imensa cozinha e um pátio digno de mosteiro, havia muita planta, muita árvore e — o que dava mais trabalho — os noventa cachorros que viviam ali. Alguns transitavam livremente, soltos pela casa, outros ficavam alojados em canis construídos nos fundos. A maioria havia sido recolhida das ruas.

Por tudo isso, Jurandir — não é seu verdadeiro nome, mas passarei a chamá-lo assim — foi de grande ajuda no começo, e ainda era quando conheci Hilda.

No entanto, por ocasião da minha primeira visita à Casa do Sol, a incompatibilidade de ideias e temperamentos entre Hilda e Jurandir começava a se traduzir em aberta hostilidade. Entre outras diferenças, Jurandir era seguidor de um culto pelo qual Hilda tinha aversão, e ela fazia questão de deixar aquilo bem claro.

Jurandir, por sua vez, desprezava toda a obra literária de Hilda e tampouco fazia segredo de sua opinião.

Por quase quarenta anos, Hilda se dedicou exclusivamente à literatura, tendo deixado uma vida de luxos, viagens e alta sociedade para apenas escrever, em um regime de semirreclusão. Ganhou inúmeros prêmios, teve suas obras traduzidas por prestigiadas editoras estrangeiras, como a francesa Gallimard, e foi louvada pelos críticos mais exigentes, como o respeitado Leo Gilson Ribeiro, que a definiu como "a mais importante escritora da literatura brasileira".

Para Jurandir, nada daquilo tinha valia. Não é que Hilda fosse tão vulnerável à opinião de um "invertebrado intelectual", como passara a chamá-lo; o problema é que eles viviam na mesma casa.

A tensão entre essas duas pessoas tão diferentes entre si e de temperamento forte tornou-se maior quando Jurandir arrumou uma namorada, Isabel, bem mais nova que ele, e começou a "iniciá-la" em seu culto, que Hilda via como retrógrado e opressor. Para ela, Isabel deveria continuar os estudos. Jurandir era contra. Isso gerava brigas não só entre Hilda e Jurandir, mas também entre ela e a moça.

Isabel, submissa a Jurandir, não dava ouvidos a Hilda, e ela, por sua vez, interpretava aquilo como lavagem cerebral da parte de Jurandir e de sua "seita" e indiferença da moça em relação ao próprio futuro.

— Você não pode agir como um carneirinho indo voluntariamente para o matadouro! — exasperava-se Hilda.

O fato é que Isabel não se sentia assim e com o tempo a obstinação de Hilda em mudar suas ideias começou a produzir discussões cada vez mais agressivas. Presenciei algumas que por pouco não chegaram a confrontos físicos.

Certa vez esteve lá para almoçar o ex-marido de Hilda. Ele também pareceu incomodado com a dimensão que ela estava dando para a questão dos estudos de Isabel.

— Você não pode querer decidir a vida dos outros, Hilda! — disse ele, levantando-se da mesa.

— Não sou eu! É esse crápula quem quer decidir a vida da namorada!

— Crápula que *você* convidou para morar aqui. Você mesma trouxe o problema para a sua casa!

— Não me interessam as circunstâncias, interessa é que o problema existe, está aí... Será que só eu vejo que ele está fazendo lavagem cerebral nela?

— Se a moça não quer estudar, o problema é dela.

— Não, não é! É meu também, porque só eu posso fazer com que ela entenda o que está acontecendo.

Eu achava incrível que Hilda, com tantos problemas seus, pudesse se interessar tanto pelo destino da namorada de Jurandir. Às vezes eu pensava que tudo se resumia a uma disputa entre aqueles dois inimigos parcialmente declarados, e que a decisão de Isabel definiria o vencedor.

A situação piorava dia a dia. Parecia-me uma insanidade que aquelas duas pessoas, que se detestavam cada vez mais abertamente, continuassem convivendo sob um mesmo teto.

•••••

O ano chegava ao fim. Jurandir ainda fazia as vezes de administrador da casa e Hilda continuava pagando-lhe, embora ambos procurassem reduzir ao mínimo necessário o contato. Quando possível, comunicavam-se por meio de outros empregados da casa ou por bilhetes.

— Hilda, eu não entendo — eu dizia às vezes. — Vocês vivem brigando. Por que ele continua aqui? Afinal não é um sem-teto, tem família, tem filhas. E mesmo que ele ainda seja útil para você, não é insubstituível. Essa situação não é boa para ninguém.

— Fui eu que o chamei para morar aqui. Não podia imaginar no que ia dar, não tenho bola de cristal. Com família ele não quer morar. E antes de vir para cá, ele tinha um arranjo muito bom, uma casinha alugada quase de graça. Agora já alugaram para outro. Nem ele mesmo quer continuar aqui... Mas precisa de um tempo, precisa arranjar algum lugar em conta. É uma situação chatíssima, mas a ideia de ele morar aqui foi minha, ele até relutou no início. Então tenho que dar esse tempo, entende?

E mais uma vez ela pedia:

— Por que você, que é meu amigo, não vem para cá?

Hilda vinha me sugerindo desde o meio do ano que eu fosse morar com ela.

— Você não quer escrever? Fica aqui, escreve, me faz companhia. Não tem que se preocupar com emprego, despesas, nada. Casa, comida e roupa lavada. Quer mais o quê? Ganhar na loteria? De vez em quando você pode até me dar uma mão com a casa, com os cachorros...

Apesar do grande carinho que eu tinha por ela e de nossa amizade que sempre crescia, não estava em meus planos me mudar para lá de mala e cuia para cuidar da casa, dos empregados que mal paravam uma semana e de uma centena de cachorros. Até o final de 1997, de qualquer modo, havia a faculdade para terminar; era o último ano. E para 1998 eu tinha planos que por algum tempo me afastariam da Casa do Sol.

$$\bullet \bullet \bullet \bullet \bullet$$

Eu pretendia passar Natal e Ano-novo em Lindoia, com minha família.

No dia 30, estava em meu sítio, quando minha mãe veio me avisar que acabara de receber um telefonema de Hilda, e que ela parecia desesperada.

— Pelo que ela disse foi todo mundo embora. Está sozinha.

— Todo mundo quem?

— Todos. O tal do Jurandir, a namorada e as duas empregadas.

— Até as empregadas?

— Todos. Ela está sem ninguém.

Meia hora depois, eu estava com Hilda ao telefone:

— Foram todos embora, assim, sem avisar. A cozinha está cheia de coisas deliciosas, mas não sei fazer... Tem aqui umas sopas importadas, mas precisa abrir as latas e esquentar. Você sabe que eu morro de medo de fogão.

Hilda era uma poeta[1] e escritora genial que viveu para o seu trabalho. Talvez por isso tivesse certa aversão a tarefas manuais mais prosaicas, como acender o fogão ou abrir uma lata. Era esse seu calcanhar de Aquiles, que a tornava tão dependente de empregados, cozinheiras e "administradores" como Jurandir. Por isso aquela debandada de empregados, de repente e às vésperas de um feriado, era para ela tão catastrófica.

— Quando eles foram embora, Hilda?

— Ontem pela manhã já não havia ninguém. Liguei várias vezes para sua casa, ninguém atendia. Achei que estivesse em São Paulo. Sabia que tinha o telefone de sua mãe em algum lugar, mas só hoje fui achar...

— Como você está se virando?

— Uma amiga está me trazendo comida, mas vai passar o Ano-novo fora, viaja amanhã.

— E os cachorros?

— Tem aquele jardineiro que mora na casinha dos fundos. Esse não foi embora, mas vive bêbado, não para aqui. Ontem pedi para colocar ração, mas hoje ainda não vi a cara dele.

---

1 Hilda não admitia ser chamada de poetisa. Considerava o termo depreciativo e inferior.

— Pode deixar, Hilda. Até o final da tarde estou aí.

Com notável alívio, ela respondeu que estaria à minha espera e desligou.

Nas primeiras vezes em que a visitei, eram os cachorros os primeiros a me saudarem à porta, vindo logo a seguir Jurandir, para dizer que *madame* estava à minha espera no escritório (esse "madame" era pronunciado com evidente sarcasmo). Quando a hostilidade entre os dois aumentou, ele não vinha mais atender, mas então eu já conhecia bem o caminho.

Naquela tarde, pela primeira vez, Hilda esperava fora de casa, na varanda, em meio a dezenas de cachorros. Assim que desci do carro, ela veio em minha direção com os braços estendidos. Segurava em cada mão uma lata das tais sopas importadas. Interpretei o gesto como sinal de que ela estava com fome e nos dirigimos à cozinha. Enquanto ela dizia onde estavam as panelas, o abridor de latas e os fósforos, dava também detalhes sobre a debandada geral.

Desde que a conheci notei que empregadas e cozinheiras não costumavam parar por muito tempo ali. Já me habituara a ver novas caras a cada fim de semana. Mas a suspeita de Hilda era que, dessa vez, fora Jurandir quem convencera as mulheres a abandonar a casa de repente, para que ela ficasse sem ninguém que a ajudasse na véspera do Ano-novo.

— Deve ter dito até para o jardineiro ir embora, mas esse está sempre bêbado, provavelmente nem se tocou.

Após lhe preparar e servir a sopa, enchi de ração os comedouros dos cães e fui a um supermercado ali perto com uma lista que ela fizera.

À noite conversamos e assistimos à novela, enquanto ela bebericava seu uísque com gelo, e eu, um suco de tamarindo igualmente gelado, assim nos aliviando naquela noite quente e abafada.

— Que calor da Zâmbia! — exclamou Hilda, girando com o dedo as pedras de gelo.

Os cachorros, também amolecidos pelo calor, mas sem usufruir do benefício de um refresco como nós, estavam excepcionalmente silenciosos. Afora o som da televisão e nossos esporádicos comentários, ouviam-se apenas os grilos e, vez por outra, o suspiro preguiçoso de algum cachorro.

Apesar do calor, passamos uma noite agradabilíssima. Hilda já não parecia incomodada com o desaparecimento de Jurandir ou sequer das empregadas.

Como disse, eu já pernoitara ali diversas vezes, e não era raro que diante da televisão, entre o *Jornal Nacional* e a novela, algo sensibilizada por seu uísque da noite, Hilda relembrasse certos infortúnios do passado, como a história do primo que ela, aos cinquenta anos, descobrira ser seu primeiro e último grande amor — "Mas só esse foi amor de verdade, loucura, insânia", frisava — e que fora assassinado a tiros.

Seus olhos se umedeciam e ela repetia uma frase favorita de sua mãe: "Se tens um inimigo, deseja-lhe uma paixão".

Mas naquela noite, nada de lembranças tristes. Apesar das deserções, Hilda estava de ótimo humor. Ria da novela, ria de mim, ria de si mesma. Ria até de Jurandir.

Quando Hilda começou a cabecear de sono, fui para o meu quarto, levando debaixo do braço uma muda lavada de roupa de cama. Adormeci rapidamente, com a sensação de que nada saíra dos eixos na Casa do Sol.

•••••

Acordei por volta das nove da manhã naquele último dia do ano. O sol já brilhava forte e embora não houvesse chovido, o ar parecia fresco e renovado, em agradável contraste com o abafamento da véspera.

Hilda estava lendo em seu escritório. Assim que entrei, ela levantou os olhos do livro, sorrindo, e me saudou com a pergunta:

— Adivinhe quem acabou de dar as caras aqui?

— Quem?

— Jurandir e a namorada. Vão passar conosco a virada.

Não pude conter meu espanto. Dias atrás, Hilda mal podia ouvir aquele nome. Depois, ele desaparece, dando sumiço também nas empregadas. Agora reaparecia do nada, ressurgia de entre os mortos, convidava-se para o Ano-novo e Hilda parecia demonstrar satisfação em sua companhia!

— Vêm passar a virada? Será mesmo? — perguntei, incrédulo.

— Vêm, os dois. Vão trazer frutas e tudo mais.

— E o sumiço? Ele não deu nenhuma explicação?

— Assim por cima... Disse que era o ambiente daqui.

— O ambiente?

— Que estava muito pesado, que ele precisava de férias daqui por uns dias. Também nem perguntei, não queria discussão.

Ela voltou os olhos para o livro, como se houvesse perdido o interesse pelo assunto.

— Pensei que você o detestasse, Hilda — observei.

Hilda abandonou mais uma vez a leitura e me encarou com um sorriso enigmático e algo malicioso. Com uma voz doce, que contrastava com a dureza que seu olhar de repente adquirira, disse:

— Detestar, eu? Eu não guardo rancor, bem. Só vou anotando no meu caderninho negro.

• • • • •

Manhã e tarde transcorreram em paz. Quando começou a escurecer, chegaram as nuvens. O clima ficou abafado outra vez e, por volta das nove horas, começou a chover.

— Será que eles vêm com esse tempo? — indaguei.

— Pode estar certo — redarguiu Hilda.

De fato, pouco antes das onze horas, chegou o casal, trazendo champanhe e uma cesta de frutas.

— Champanhe! — exclamou Hilda. — Não precisava, eu tinha aqui.

— Eu sei. Mas é que eu ganhei, e como não bebo... — replicou Jurandir, colocando a cesta e a garrafa sobre a mesa da sala. Em seguida, começou a desarrolhar a garrafa.

— Mas ainda são onze horas! — falei.

— Não tem problema, à meia-noite a gente abre outra — replicou Hilda.

Por sugestão de Hilda, Isabel foi até a cozinha, ver o que poderia ser preparado para nossa "ceia".

Jurandir sorria e assim continuou até que a moça saísse da sala. Então se dirigiu a Hilda com um olhar cortante e disse:

— Você diz que sou autoritário com ela, que não a deixo estudar. Mas assim que ela põe os pés aqui, você a manda para a cozinha, como se fosse sua empregada. Ela não trabalha para você, sabia? Seu problema é que você pensa que é uma rainha.

Apesar de não ser de seu temperamento, no início Hilda procurou contemporizar:

— Eu não mandei, Jurandir, eu pedi. É que eu não sei mexer com fogão e...

Jurandir interrompeu, elevando a voz:

— Não sabe riscar um fósforo e pensa que é uma rainha!

— Uma rainha, meu querido, não precisa riscar um fósforo! — retorquiu Hilda, já se alterando.

Em segundos a discussão ganhava dimensões de pandemônio. Hilda e Jurandir se ofendiam mutuamente, aos brados.

Isabel viera correndo da cozinha, atarantada, com um pote de maionese na mão. Os noventa cães ladravam e uivavam.

Por fim, poucos minutos após chegarem, Jurandir e a namorada foram embora, deixando sobre a mesa a garrafa aberta de champanhe e levando embora a cesta de frutas.

Hilda ficara bastante nervosa com a discussão. Na tentativa de distraí-la, peguei a garrafa, que logo começaria a esquentar, e perguntei como se nada tivesse acontecido:

— Um pouco de champanhe, Hilda?

— Não.

Depois, acendendo um cigarro, ajuntou:

— Não quero nada que aquele lá trouxe. E depois, champanhe é para comemorar. Eu não tenho o que comemorar.

Depois de consecutivas isquemias cerebrais nos últimos anos, era comum que após ficar nervosa ou emocionada, Hilda fosse dominada por certa sonolência. Assim, depois de passar quinze ou vinte minutos lançando invectivas contra Jurandir, seus brados se tornaram resmungos e logo deram lugar a sussurros. Hilda já começava a cabecear sobre a mesa quando me pediu que a ajudasse a chegar ao seu quarto. Ali me deu boa noite e fechou a porta.

E ainda não eram onze e meia! Primeiro Jurandir e Isabel haviam ido embora, agora Hilda fora dormir... Minha única companhia de *réveillon* seriam os cachorros, e se eu tinha algo a lamentar quanto à espécie de meus amigos, não o tinha quanto ao número.

Justo quando entretinha esse pensamento, os cães começaram a latir, como se protestassem contra minha preferência, naquele momento de brindes e de fogos, por um ser humano. Mas os latidos e uivos não paravam e eles começaram a se dirigir à porta, saindo para a varanda. Percebi que anunciavam a chegada de alguém.

Saí também, e vi ao longe, aproximando-se do portão, uma figura de homem, toda vestida de branco. Quem seria aquela visita? Chegava certamente decidido a passar a virada na Casa do Sol, o que era evidente não apenas pela roupa branca, mas também pelo horário — faltavam vinte para a meia-noite.

Antes de me apresentar ou deixar que ele o fizesse, e sem ao menos dizer boa-noite, avisei:

— Hilda já foi dormir.

— Já? — espantou-se o estranho, parando a dois passos de mim. — Mas que pena! Faz tanto tempo que não a vejo!

Como eu não enxergava nenhum carro ao olhar por cima de seu ombro e para além do portão, e tampouco escutara motor algum, indaguei:

— Você veio a pé? É algum vizinho?

— Não, deixei meu carro onde termina o asfalto. Fiquei com medo de atolar na estrada de terra. Parece que choveu bastante por aqui.

— É, choveu bem...

Ao ver que ele não se movia, resolvi fazer as honras da casa.

— A Hilda já foi dormir — repeti. Em seguida, estendendo meu braço em direção à sala: — Mas se quiser, entre... Quem sabe ela não acorda com os fogos?

— Quem sabe? — concordou ele, adentrando entre os rosnados de alguns cachorros.

— Você é vizinho? — repeti a pergunta.

— Não, sou parente. Parente distante, mas mesmo assim...

Parou a frase no meio e ficou por alguns instantes quieto, fitando uma parede à sua esquerda, toda coberta de retratos. Parecia petrificado. Depois, como que retornando de um transe e me estendendo a mão, falou:

— Desculpe minha distração. Meu nome é Luís.

Alguns fogos já começavam a ser ouvidos ao longe. Lembrei-me de que não havia nada na mesa exceto a garrafa de champanhe, já morna. Eu não estava muito confortável com a presença daquele suposto parente da Hilda. O que, afinal, aquele homem estava fazendo ali? Seria mesmo parente? Por que então não avisara que viria? E chegar assim, sozinho e a pé, já quase na hora da virada... De qualquer modo, uma vez que o sujeito já estava dentro de casa, não havia motivo para que eu o fizesse passar fome.

— Se você quiser, a geladeira está cheia. Já estou avisando, porque não tem ninguém para servir. As empregadas não estão. Você sabe onde fica a geladeira, não? — ao dizer isso, perscrutei atentamente sua expressão, esperando alguma reação à minha pergunta.

— Sei, sim, mas por ora não estou com fome.

— Nem sede? Está calor... — insisti.

— Nem sede, obrigado. Mas você, se quiser, pode comer. Não precisa me fazer sala. Eu aqui estou em casa.

Algo soou estranho na maneira com que ele pronunciou aquelas últimas palavras, mas creio que não deixei transparecer qualquer sinal de suspeita.

— Então vou pegar algo para mim. Tem mesmo certeza de que não quer nada?

— Por enquanto nada, obrigado.

Dirigi-me à cozinha e abri a geladeira, de onde tirei uma jarra de suco, algumas frutas e um pedaço de queijo. Nada que precisasse esquentar, pois já bastava o calor daquela noite.

Ao retornar à sala, encontrei a visita sentada à mesa. Puxei uma cadeira ao seu lado, coloquei a jarra e os pratos sobre a mesa e me sentei também.

— Se quiser algo, fique à vontade — ofereci.

— Obrigado.

O homem se manteve mudo enquanto eu comia uma ameixa. Apenas depois de estar a fruta reduzida ao caroço, ele tornou a falar.

— Falta pouco — disse, referindo-se à virada.

— Mais um ano que se vai — respondi, suspirando.

— Um ano, não. Uma era!

— Como? — perguntei, sem entender.

— Estamos entrando em uma nova era. A maioria ainda não percebeu, mas já estamos entrando.

Surpreso, mantive-me em silêncio, enquanto ele continuava:

— Um tempo de mudanças jamais vistas está para começar. Todos os sistemas de pensamentos e de crenças que não estiverem em sintonia com a nova ordem estão destinados a desaparecer.

Ao ouvir aquele homem, tão quieto e contido minutos atrás, agora falando com tanto fervor em "nova era" e "nova ordem", fui tomado por uma suspeita. Não seria ele o amigo esquizofrênico de Hilda, o que fora internado na clínica psiquiátrica? Ela sempre se referia a ele por meio de um apelido, de modo que eu não podia saber se seu nome era Luís. E mesmo que não fosse, nada garantia que ele tivesse revelado o verdadeiro nome.

Hilda me contara que ele já havia escapado duas vezes da clínica e aparecera por lá.

Como é que não tinha me dado conta daquilo antes? Estava na cara — alguém chegando para o *réveillon* vinte minutos antes, e ainda por cima a pé. Aqueles seus estranhos lapsos, que às vezes duravam um minuto inteiro, também deveriam ter me alertado.

Será que sabiam que ele estava aqui? E se não soubessem? Talvez ele estivesse sob alguma medicação forte, que não pudesse ser interrompida abruptamente. Não seria melhor que eu fosse acordar Hilda?

— Será uma era de muitos confrontos, também — insistia ele. — Mas onde está o perigo, está também a salvação. Você sabia que a palavra chinesa para *crise* significa ao mesmo tempo *perigo* e *oportunidade*? Esses confrontos serão muito oportunos e, mais que isso, muito necessários à humanidade. Por meio deles, o homem vai finalmente perceber que a violência não é a resposta a conflito algum.

— Olhe, Luís, faltam cinco minutos para a virada — interrompi. — Não é melhor chamarmos a Hilda?

— Ah, Hilda... — disse ele, com uma expressão embevecida. — Hilda é uma redentora, uma salvadora. Porque é poeta. A Arte é um instrumento de salvação. Tem o poder de nos salvar do abismo para o qual caminhamos, com essa sociedade baseada no lucro, na alta tecnologia e seus subprodutos letais, desinformada, alienada de sua herança cósmica, entorpecida emocional e espiritualmente...

— Tem razão. Então, vamos chamá-la?

— Não, não, imagine! — retrucou com veemência. — Se Hilda está repousando, esse repouso é sagrado. Não temos o direito de interrompê-lo. Deixemos que ela repouse, pois é de pessoas como ela que o mundo necessita na nova era. Devemos entrar em contato com nossa dimensão espiritual para evoluirmos. Mais que isso: devemos libertar os outros e ajudá-los também em seu crescimento. Por isso Hilda é tão importante: por meio de sua Arte, ela liberta e ajuda a evoluir. E por isso seu repouso não deve ser perturbado.

Eu não tinha mais dúvidas de que o rapaz era o tal amigo de Hilda. Uma das poucas coisas que eu sabia a seu respeito era que o sujeito era obcecado pela pessoa e pela obra de Hilda, e aqui estava este falso parente, endeusando-a e colocando-a como peça fundamental no advento da tal *nova era*.

No entanto, recordava-me de Hilda ter dito que, apesar de esquizofrênico, ele não era perigoso. Talvez ele estivesse certo e fosse melhor deixar Hilda dormir. Na manhã seguinte, ela decidiria o que fazer. Talvez ele tivesse recebido alta. Agora, porém, faltando poucos minutos para a meia-noite de Ano-novo, eu não tinha como verificar nem resolver nada. E nem cabia a mim. Ele que se entendesse com Hilda pela manhã.

Depois que começou, ele não parou um só segundo de falar sobre a nova era de libertação e salvação. No entanto, não posso negar que o homem tinha boa dose de carisma. Aos poucos foi conseguindo vencer minhas apreensões, com um tom de voz envolvente e um cativante entusiasmo em relação ao que dizia.

Ao ver um cartão de Natal, "Luís" mudou de repente a personagem de seu discurso, passando de Hilda Hilst para Jesus Cristo.

— Que pena. Quase ninguém entendeu o conceito de como Cristo *salvou* a humanidade ao padecer na cruz. Alguns pensam que, pela morte de Jesus, suas almas estão salvas para sempre, independentemente do que façam ou deixem de fazer. Nada mais errado. Ao se deixar conduzir pelas circunstâncias que o levariam à crucificação, porque Jesus *sabia* que morreria na cruz e que Judas o trairia, o que ele fez foi nos mostrar o caminho.

— E qual é o caminho? — indaguei.

— O caminho do amor incondicional ao próximo, do compromisso com a humanidade e da aceitação das provações e sacrifícios, sem os quais não se evolui. Acima de tudo, Jesus mostrou o caminho do desapego. Ele é a própria quintessência do desapego, o desapego gerando a coragem. Jesus jamais fugiu das provações, jamais deixou de amar; nem mesmo na cruz! Por isso ele pede ao Pai que perdoe a seus verdugos. Ele salvou a humanidade deixando-se sacrificar para *dar o exemplo*. Mas sempre existirá o livre-arbítrio. Cada um de nós deve fazer sua parte. Ninguém, nem mesmo Cristo, pode *forçar* alguém a ser salvo. Onde estaria o mérito disso? Qual seria o sentido de nossas vidas? De que modo aprenderíamos?

Deu meia-noite. Os fogos começaram a estourar nas casas vizinhas. A televisão da sala, com o som desligado, mostrava a praia de Copacabana. Os cachorros faziam um grande alarido, alguns latindo, outros tentando se esconder, apavorados, nos lugares mais improváveis.

— Esqueci! — exclamei, batendo na testa. — Eu deveria ter ido buscar mais champanhe, para abrir na hora da virada... Agora é tarde!

— Por mim, não se preocupe — retrucou ele. — Eu não bebo nada de álcool, nem mesmo nessas ocasiões.

"Para não misturar com os remédios", pensei. De qualquer modo, insisti:

— Tem certeza? Ainda dá tempo...

— Não, obrigado. Mas se você quiser, fique à vontade.

— Pode deixar. Amanhã... Ou melhor, *hoje* à tarde, abriremos uma com a Hilda.

Saímos para a varanda. Víamos muitos fogos que vinham das casas vizinhas e alguns clarões difusos mais ao longe, para os lados da cidade Campinas. Apesar do céu muito estrelado, a noite continuava quente e abafada. Enquanto contemplávamos aquela festa de luzes, eu disse distraidamente, sem parar de admirar os fogos:

— Feliz Ano-novo.

Luís não retribuiu minha saudação. Em vez disso, fez um gesto largo com o braço direito, levando-o para um lado e para o outro.

— Todas essas terras pertenciam à família de Hilda. Os terrenos deste condomínio eram uma só propriedade. Com o tempo, foi vendido um pedaço aqui, outro ali, até que sobrou apenas esta chácara.

— Deve ser triste ter que ir desmembrando assim uma propriedade. Imagino se...

Luís não ouviu meu comentário e prosseguiu, sem interrupção:

— Só restou esta porção de terra, mas você acha que Hilda se ressente com isso? Se acha está enganado, meu amigo. Hilda já transcendeu o apego à dimensão material. Grande lição a ser aprendida. E quanto se ganha com isso! O apego é um entrave, sabe? Um grande entrave ao crescimento espiritual e mesmo emocional. Há pouco eu falava do desapego de Jesus, agora dou o exemplo de Hilda. É importante que você tenha isso claro, pois quando se desfizer de suas terras...

— Não pretendo me desfazer de terra alguma — respondi, surpreso.

— Olhe o apego, meu amigo...

— Simplesmente não está, nem nunca esteve nos meus planos, vender nenhuma parte do meu sítio. É lá que quero viver a partir de certa idade e é lá que gostaria de morrer. Não é apego material. Transcende em muito o apego. Você não entenderia. Desde meus primeiros anos aquele lugar faz parte de mim e eu dele.

Luís ia retrucar algo, mas talvez percebendo que me deixara contrariado, voltou a olhar para o céu e murmurou:

— O mundo é perfeito.

— Como?

— O mundo é perfeito — repetiu. — Pode não parecer. De fato, do ponto de vista do dia a dia, parece tudo, menos perfeito. Há guerras, fome, doenças, violência, desastres... Porém, só quando temos em mente nossa evolução espiritual, percebemos que o mundo é perfeito. De que maneira poderíamos aprender se só tivéssemos experiências agradáveis? Como iríamos evoluir

33

se não houvesse consequências para nossos erros, estejam eles em atos ou omissões?

— Ahãm...

— O mundo *é* perfeito — voltou a frisar.

Ficamos ainda por alguns minutos vendo os fogos.

Depois entramos e, ao nos sentarmos outra vez à mesa, terminei de comer as frutas e o queijo. Apesar de minha insistência, Luís não tocou em nada, o que reavivou minha curiosidade.

— Comeu antes de vir para cá? — inquiri.

— Sim, já comi bastante.

"Onde?", tive vontade de perguntar.

— Tem certeza de que não quer mais nada?

— Sim, muito obrigado. Na verdade, estou com um pouco de sono — disse ele, bocejando.

— Estou dormindo nesse quarto ao lado — falei, apontando para o cômodo. — Mas acho que o quarto dos fundos também tem roupa de cama limpa. Qualquer coisa, tem lençol sobrando no meu quarto.

— Ah, não se incomode. Eu conheço isto aqui como a palma de minha mão. E depois, com um calor assim, quem precisa de lençol?

Por cerca de meia-hora ainda conversamos. Para variar um pouco Luís perdera seu fervor oratório, limitando-se a assuntos menos transcendentais.

À uma da manhã ele se levantou e disse que ia dormir.

Levantei-me também, embora tivesse intenção de permanecer na sala ainda por algum tempo. Luís se postou diante de mim e outra vez teve uma daquelas suas ausências, em que ele parecia esquecer o que ia falar ou fazer — talvez um efeito colateral de algum de seus medicamentos ou sintoma da própria doença. Após alguns desconfortáveis segundos — não menos que vinte — ele disse:

— De tudo o que lhe falei esta noite, não se esqueça de três coisas: o compromisso de Jesus com a humanidade, que devemos imitar. A aceitação dos sofrimentos, com os quais evoluímos. A terceira é a mais importante para você: o desapego. Lembre-se sempre: apego é mais que atraso, é paralisação. Não se cresce espiritualmente enquanto não se supera o apego. Junte essas coisas e se lembre de que o nosso compromisso com a humanidade deve ir além de nossa zona de conforto. Nietzsche, que era um visionário, escreveu: "Tudo aquilo que foi dado ao homem em profundidade, espírito e grandeza, foi-lhe dado por meio do sofrimento". Eu acrescentaria: do sofrimento *e do amor*. Mas apenas o amor verdadeiro e incondicional, o essencial, puro, totalmente livre do apego. Cuidado, amiguinho, muita atenção, porque o apego quase sempre usa o disfarce do amor. Boa noite.

Dizendo isso, saiu da sala.

"Que figura!", pensei, enquanto o via atravessar o pátio, dirigindo-se ao quarto dos fundos.

Achei impressionante que, mesmo com o barulho dos fogos e os latidos e uivos de quase uma centena de cachorros apavorados com as explosões, Hilda não houvesse acordado. Por outro lado, latidos eram tão comuns naquela casa que seus ouvidos já deviam estar programados para ignorá-los.

Pela manhã eu finalmente teria a confirmação de quem era o visitante, embora estivesse quase certo de sua identidade.

Fiquei por ali, entre a sala e a varanda, até cerca de duas da manhã. Por fim refrescou um pouco, e após levar para a cozinha os pratos que havia usado, resolvi ir dormir.

Fazia pouco que me deitara, quando ouvi três batidas à minha porta.

— Quem é? — perguntei.

Nenhuma resposta.

Levantei-me e abri a porta. Ninguém. Olhei para o pátio e para os corredores. Tudo quieto. Nenhum latido. As luzes do quarto de Luís estavam apagadas.

Voltei para a cama, dessa vez trancando a porta.

Após alguns segundos, mais três batidas.

— Quem é? — indaguei de novo, incomodado. Ninguém respondeu.

Passaram-se mais vinte ou trinta segundos de silêncio, seguidos, pela terceira vez, de três batidas. Dessa vez não perdi tempo com perguntas. Irritado, levantei-me rapidamente. Ao destrancar e abrir a porta dei de cara com Luís.

— O que você quer a esta hora? E por que não respondeu quando perguntei quem era?

Ele pareceu confuso e constrangido, e replicou:

— Você não perguntou...

— Como não? Perguntei duas vezes! Só agora abri sem perguntar.

— Mas eu não havia batido antes... Só agora.

— Ah, não? Então quem foi que...

Interrompi a frase ao meio, com pouco interesse de começar uma discussão àquela hora da madrugada. Mudei de assunto:

— Precisa de alguma coisa?

— Água!

Dizendo isso, ele entrou no quarto, passou por mim e se dirigiu com avidez à jarra com água que eu deixara ao lado da cama, ignorando o copo e bebendo diretamente do recipiente quase metade de seu conteúdo. Eu começava outra vez a pensar se não teria sido melhor acordar Hilda assim que ele chegou. Mas agora, três da manhã, era tarde. Eu esperaria, nem que isso me arruinasse o sono, hipótese com a qual já começava a me conformar.

— Mas, rapaz! Eu perguntei tantas vezes se você não queria beber algo! — reclamei. — Por que você veio aqui em vez de ir à cozinha? Como sabia que eu tinha água no quarto?

— Não sabia. Eu estava vindo chamá-lo justamente para me acompanhar até a cozinha.

— Acompanhá-lo? Por quê? Você disse que conhecia esta casa como a palma de sua mão!

— Conhecia! Mas parece que mudaram tudo de lugar. Parece, não... Mudaram! — falou, com um brilho de pavor nos olhos.

"Meu Deus", pensei. "O homem está surtando! Que falta de juízo não ter chamado a Hilda! Ela saberia, certamente, o telefone da instituição de onde ele escapou".

Com a voz mais calma e paciente que consegui produzir, assegurei-lhe:

— Fique tranquilo, Luís. Ninguém mudou nada de lugar. Aconteceu o seguinte: você adormeceu e acordou desorientado, sem saber onde estava. Nada de mais. É normal acontecer quando dormimos fora de casa.

— É mesmo! — exclamou ele, sua expressão se iluminando como se houvesse tido uma revelação mística. — Foi isso! E sabe o que mais? Não é a primeira vez que me acontece!

— Imagino... É muito comum — garanti, apaziguando-o. — Bem, parece que você matou sua sede, não?

— Sim, obrigado.

— Sabe o caminho até seu quarto? Quer que o acompanhe?

— Não, obrigado, já estou bem mais desperto — replicou. — Foi como você disse... Acordei desorientado. Desculpe-me pelo incômodo, você deveria estar dormindo...

— Não tem problema, essas coisas acontecem. Se eu voltar logo para a cama pego no sono outra vez — falei, na esperança de que ele fosse embora.

— Não quero incomodar mais. Durma bem, e mais uma vez me desculpe.

— Imagine... — respondi, começando a fechar a porta.

— Só mais uma coisa...

"Isso vai longe!", pensei, sentindo que minha paciência começava a se esgotar.

— *O que é, agora?*

— É que conversamos tanto, mas eu não disse uma coisa muito importante. Algo que você não deve esquecer jamais!

— *Mais uma* coisa importante? E o sono, não é importante? — perguntei, esforçando-me para manter a cordialidade, mas já deixando algo de minha irritação transparecer.

— É a última, prometo. Talvez você tenha ouvido esta frase, pois é uma das mais sábias já pronunciadas por um ser humano, e é muito adequada a você. Preste atenção: "A missão daquele que busca a verdade requer a mais pura das intenções. Só avançamos em direção à verdade por meio do amor".

— Muito bonito, Luís, obrigado. Não me esquecerei das suas palavras — afirmei, fechando um pouco mais a porta.

— Não são minhas — observou ele.

— De qualquer modo, não me esquecerei.

— Ótimo. Então, até mais tarde — falou, finalmente começando a se afastar.

— Até... — respondi, aliviado.

Luís, no entanto, deu três passos em direção ao seu quarto e parou, voltando-se para mim.

"Por que não fechei a porta mais rápido?", lamentei.

— Não se esqueça: amor e desapego. Cuidado, sobretudo, com as armadilhas do apego!

— Pode deixar, Luís, muito obrigado. Mais tarde conversamos — repliquei apressadamente.

Fechei a porta, enquanto o escutava ainda a repetir no corredor:

— A armadilha do apego que se disfarça de amor. Todo cuidado é pouco.

• • • • •

Acordei pouco antes das dez. A manhã estava limpa e ensolarada, mas ao longe já se viam algumas nuvens, prenúncio de mais abafamento e calor.

Saí de meu quarto e atravessei o pátio em direção à sala. A meio caminho escutei a voz de Hilda, e também de outra mulher. Quem seria?

Ao entrar na sala, vi Hilda sentada à mesa. A outra mulher, segurando entre os braços um rol de roupas, dirigiu-se à cozinha.

— Você está dispensado de cozinhar — disse Hilda, ao me ver. — Uma vizinha me arranjou essa moça, que vai fazer o serviço de casa por alguns dias.

— Feliz Ano-novo, Hilda — falei, dando-lhe um abraço e sentando-me ao seu lado.

— Feliz Ano-novo. Ontem peguei no sono, nem vi o que aconteceu. Não vi nem os fogos de Copacabana.

— Pois é... Achei que você acordaria com o barulho. Foram tantos fogos aqui na vizinhança! Os cachorros ficaram loucos.

— É mesmo? — perguntou, surpresa. — Não ouvi nada. Mas, enfim, essa moça caiu do céu! Ainda mais em um dia primeiro de janeiro! Quem é que trabalha no primeiro dia do ano?

— Que sorte — concordei, antes de mudar de assunto. — E seu amigo? Já acordou?

— Amigo? Não... Quem é? — indagou, curiosa.

— Isso quem vai dizer é você. Mas estou quase certo de que é aquele Tim. O que tem as crises.

Hilda aparentava incredulidade.

— É mesmo? Ele veio aqui? Ontem?

— *Está* aqui. No quarto dos fundos.

— Que estranho. Não falo com o Tim há mais de um mês. Na última vez em que conversamos por telefone, ele estava péssimo.

— Pois não me parece que esteja muito melhor. Isto é, se for mesmo ele. Tão confuso, Hilda!

— E não disse o nome?

— Disse. Luís.

— Então não é o Tim. O nome dele não é Luís.

Hilda pareceu repentinamente se alarmar.

— Vamos ver quem é! Pode ser um estranho — observou ela. — E se for um ladrão? Se for perigoso? Olhe que outro dia assaltaram uma casa aqui perto, uns encapuzados com metralhadoras e tudo...

— Pois esse não tinha capuz nem metralhadora, e não me pareceu perigoso. Meio perturbado, sim, mas não perigoso.

— As aparências enganam, ainda mais em casos assim. Não vamos correr riscos. Façamos o seguinte. Você vai até lá, acorda o homem e o traz para o pátio. Enquanto isso, fico com a empregada, na cozinha, olhando pela janela. Se eu não o reconhecer, ligo para um vizinho... Não, melhor, para a polícia!

Achei graça no plano de Hilda para "não corrermos riscos", mas na verdade eu não tinha nada que recear. Afinal, passara a madrugada em companhia do estranho.

Atravessei o pátio, dirigindo-me ao quarto do misterioso hóspede.

Bati à porta e esperei.

— Luís? — chamei.

Ninguém respondeu.

Pela janela da cozinha, Hilda e a empregada observavam. Fiz sinal de que ninguém respondia. Com cautela, Hilda atravessou o pátio e se aproximou de mim, sussurrando ao meu ouvido:

— Abra a porta devagar. Talvez já tenha saído.

Comecei a empurrar a porta. Não estava trancada, o que aumentava a suspeita de que ele já se fora.

Ao abri-la completamente, vi que o quarto estava vazio.

Hilda e a empregada, mais tranquilas, já estavam ao meu lado. Entramos.

As roupas de cama estavam limpas e passadas, dobradas impecavelmente numa extremidade do leito. Na outra, o travesseiro sem a fronha, apoiado entre a cama e a parede.

— Ninguém dormiu aqui — disse Hilda. — Está tudo exatamente como deixamos na última arrumação.

A empregada, cheirando a roupa de cama, informou:

— Os lençóis ainda estão com cheiro de amaciante.

— Talvez não tenha dormido na cama — sugeri.

— Ué! Com uma cama aqui iria dormir no chão? — indagou Hilda.

Mesmo sabendo que Hilda dissera isso por ironia, por garantia me agachei e olhei debaixo da cama.

Onde se metera o homem?

Notei, entretanto, que o receio de Hilda ante a possibilidade de que houvesse um estranho em sua casa dera lugar a outro sentimento que eu ainda não era capaz de definir.

Seu ar se tornara pensativo e distante.

Apesar do inusitado da situação, em nenhum momento Hilda insinuou que eu estivesse brincando ou que tivesse imaginado o visitante. Ao voltarmos para a sala, ela me pediu, em tom estranhamente secreto, que descrevesse em detalhes o visitante e contasse tudo o que havíamos conversado.

Tentei ser o mais minucioso possível, tanto na descrição física do sujeito como no relato da conversa que tivemos.

Hilda escutava sem interromper, fixando intensamente em mim um olhar que oscilava entre o perplexo e o maravilhado.

Quando contei tudo de que me lembrava, Hilda, com os olhos lacrimejantes, declarou:

— Meu pai esteve aqui.

— O quê? — perguntei, sem entender. Hilda, naturalmente, não sabia do que estava falando. Mesmo assim, insistiu:

— Foi meu pai quem esteve aqui. Ele também me visitou.

Então ela contou que, na noite anterior, ao se deitar, adormecera quase que instantaneamente, caindo em um sono muito profundo.

— Profundo mesmo — observei. — Nem o barulho dos fogos, nem noventa cachorros em pânico foram o suficiente para despertá-la.

— Assim que adormeci, comecei a sonhar com meu pai — continuou. — Estava, como você descreveu, todo de branco. Sentou-se na cama, ao meu lado. Tomou minha mão e ficou acariciando-a enquanto conversava comigo, suavemente, falando coisas muito doces. Aquilo me surpreendeu, pois me lembrava dele como um homem duro, mais agressivo. Eu sabia durante todo o tempo que ele também estava conversando com você. Era como se ele tivesse se dividido em dois. Um estava comigo, outro com você.

— Talvez tenha sido apenas um sonho mesmo — comentei.

— Não, eu sei que não — contestou Hilda, serenamente. — Agora tenho certeza de que não foi só um sonho. Tudo bate. Você disse que ele citou Nietzsche. Meu pai lia muito Nietzsche. A roupa toda branca...

— Noite de *réveillon*, Hilda.

Ela nem me deu ouvidos, e prosseguiu:

— Roupa toda branca; apareceu vestido igual para mim e para você. O nome também...

— O nome? Que eu saiba seu pai se chamava Apolonio.

— Sim. Mas quando ele escrevia, quando fazia suas poesias, seu pseudônimo era Luís Bruma.

Hilda agarrou um retrato do pai, que ficava ao lado da mesa, e o colocou diante de meus olhos:

— Olhe com atenção. Repare bem. Não é este o homem que apareceu aqui?

O que aconteceu em seguida foi surpreendente.

Eu já vira aquele retrato dezenas de vezes, bem como outras fotos de Apolonio Hilst. Na noite anterior, quando o visitante chegara, eu não notara nenhuma semelhança entre ele e o homem do retrato, nem mesmo quando ele ficara imóvel, por vários segundos, olhando as fotos da parede. Talvez sua intenção, com essa reação inusitada, fosse justamente chamar minha atenção para as fotos de Apolonio, para que eu *notasse* a semelhança. Porque agora, com o retrato diante de mim, eu não podia negar que esta era de fato muito grande.

Ainda assim, sobrava certa margem para dúvida. Então, não por ceticismo ou teimosia, mas justamente porque eu *queria* acreditar, perguntei:

— Você tem o telefone de onde está seu amigo Tim?

— Tenho. Por quê?

— Porque tive uma ideia. Para que possamos mesmo excluir a possibilidade de que ele tenha escapado e vindo se esconder aqui, como já aconteceu, vamos ligar para lá. Se ele não desapareceu ontem à noite...

Hilda nem deixou que eu terminasse:

— Você também não acredita em mim. Aconteceu com você e mesmo assim não acredita. Olhe, se você não quer enxergar o que está diante de seu nariz, sinto muito por você, mas não tenho nada com isso. Não vou ligar para lugar nenhum!

Saiu da sala tempestuosamente, indo para seu escritório. Fui atrás dela e, após certa insistência minha, que a irritou bastante, ela cedeu. Concordou não em telefonar, mas ao menos em me dar o número da clínica, para que eu ligasse e me certificasse de que o amigo não saíra de lá.

Liguei, perguntei (Hilda também me deu o nome completo do rapaz) e me satisfiz. De fato, poderíamos excluí-lo. Ele estava lá, e na noite anterior participara da comemoração de Ano-novo da clínica.

Por algum tempo estivemos calados, Hilda um pouco aborrecida com o que chamou de minha "falta de visão", mas também enlevada com a visita de seu pai.

Eu refletia e pesava os acontecimentos, tentando compreender a magnitude do que ocorrera horas antes.

Fui o primeiro a quebrar o silêncio:

— Não foi por mal, Hilda, mas é que ele falava coisas tão grandiloquentes! Mensagens para uma nova era, conselhos proféticos, citações bíblicas. Eu não espero que uma pessoa normal, que nem me conhece, chegue do nada, à meia-noite, falando coisas assim.

— É que você não teve visão — tornou, irritada. — Que uma pessoa "normal" fale coisas assim?! Você não entende? Não era uma pessoa normal! Era o espírito de meu pai! Nem em vida ele foi uma pessoa normal! Era deslumbrante, estava *eras* além de seu tempo! Mas você não o entenderia mesmo, precisaria viver mais uns quinhentos anos só para começar a compreender!

Hilda quase sufocava de indignação, mas respirou fundo e, um pouco mais calma, prosseguiu:

— Enfim... Não era uma situação normal. Foi aí onde você falhou. E falhou feio! Você não percebeu a transcendência do momento.

— É provável que você tenha razão.

— É claro que eu tenho!

— Está bem. Mas me diga — comecei, levando a conversa para um lado menos polêmico. — E com você, o que ele conversou?

Seu olhar se tornou distante e nostálgico quando ela respondeu:

— Ele repetiu algumas coisas que tinha me dito certa vez.

— Quando você era criança?

— Não. Logo depois de morrer. Não é a primeira vez que meu pai me contata após a morte. Ele disse muitas coisas sobre o meu trabalho, sobre a loucura, sobre o amor. Observou várias vezes que não devemos nunca, sob hipótese alguma, julgar o próximo. Jamais! Não cabe a nós. Nossa visão humana é sempre limitada, relativa e imperfeita. Nunca, nunca julgar... Mas, acima de tudo, meu pai frisou o fato da imortalidade da alma.

Hilda fez uma pausa. Depois, com os olhos cheios de lágrimas, revelou:

— É por isso que se eu conseguir o que quero, o que sonho, que é transformar esta casa em um centro de estudos sobre a imortalidade, quero dar a este lugar o nome dele. Fundação Apolonio de Almeida Prado Hilst.

— Então vocês conversaram muito.

— Muito, muito mesmo... Ele ficou horas sentado à beira da cama, pelo menos pareceram horas, acariciando minha mão e falando uma porção de coisas. Só me assustei um pouco no final, porque não houve despedida. Ele se levantou de maneira brusca, como se estivesse com muita pressa, saiu quase correndo.

— Sem nenhuma explicação?

— Disse apenas que estava com sede, que precisava de água. Eu estranhei, pois não achei que eles tivessem sede ou fome. Os espíritos, quero dizer... Mas pelo jeito me enganei, não é?

Quando Hilda mencionou isso, foi minha vez de me levantar bruscamente.

— O que foi? — surpreendeu-se ela.

— Nada. É que me lembrei de uma coisa. Volto já.

E saí apressadamente rumo ao meu quarto.

Ao entrar, corri até a jarra de água.

Cheia!

Eu vira, sem dúvida alguma, Luís — ou Apolonio — beber mais da metade da água daquela jarra que, no entanto, estava cheia agora!

Corri até a cozinha e perguntei à empregada se ela por acaso havia enchido o recipiente.

— Não. Nem entrei naquele quarto ainda. O senhor quer que arrume?

— Não, obrigado — murmurei.

Atravessei o pátio, fui para o quarto e mais uma vez verifiquei a água. Ninguém bebera ali. A jarra estava repleta.

Apesar do calor da noite, eu não bebi nada. Meu costume de dormir com água ao lado da cama é mais hábito do que necessidade. É raro que eu acorde para beber. Mas eu vira Luís beber daquela jarra, e beber muito. Lembrei-me da frase de Hilda, minutos antes, referindo-se aos espíritos: "Não achei que eles tivessem sede..."

Mas ainda que Luís tivesse sede... Por que viria ao meu quarto? Para mim estava claro que o ato de beber água fora uma encenação, uma mensagem, talvez. Com que finalidade? Uma hipótese seria a de estabelecer uma ligação irrefutável entre o encontro com Hilda (em que Apolonio ia embora dizendo estar com sede) e o encontro comigo (em que ele batia à minha porta pedindo água). Outra possibilidade, que não excluía a primeira, era ter sido a água, no meu caso, um pretexto para que ele dissesse o que ainda não terminara. A frase sobre o amor. "A missão daquele que busca a verdade requer a mais pura das intenções. Só avançaremos em direção à verdade por meio do amor". E também o último conselho, já no corredor: o desapego.

Naquele instante, fiquei envergonhado por ter duvidado, por um só instante, da convicção de Hilda de que o visitante era seu pai.

Voltando ao escritório, abracei-a e disse:

— Ele me disse que a verdade está no amor, Hilda.

— Ele me disse que Deus é amor — respondeu ela, emocionada. — Disse que quem busca Deus acha a verdade e quem busca a verdade encontra Deus.

• • • • •

Durante várias semanas após aquele nosso encontro, tive breves, porém vívidas visões de Luís, em geral quando estava adormecendo ou acordando, entre sono e vigília.

Tinha sempre uma mensagem, repetindo não só as frases daquela noite de Ano-novo, como também outras relacionadas aos mesmos temas — amor, desapego, livre-arbítrio.

Embora jamais as tenha esquecido, sei que não dei, naquela noite, a devida importância às suas palavras, apesar das insistentes afirmações de Hilda quanto à transcendência do momento.

Essa minha negligência, essa "falta de visão", como diria Hilda Hilst, seria paga, dez anos mais tarde, com um conflito que por um tempo me pareceu um quebra-cabeça sem solução.

É sobre esse conflito, suas causas, suas complicações e sua resolução que trata este livro e suas histórias. É também sobre a ajuda, tanto de pessoas como de espíritos, que obtive durante a aventura de resolvê-lo. Mas, acima de tudo, é sobre o enriquecimento espiritual que recebi ao longo de todo esse processo, e que agora compartilho com você, leitor.

REBELIÃO

Os Céus o chamaram e o rodearam, mostrando todo o seu eterno esplendor, mas seus olhos fitavam somente a Terra.

(Dante Alighieri)

Não sei onde encontrar em qualquer literatura, antiga ou moderna, uma descrição adequada da Natureza tal como a conheço. Mitologia é a que mais se aproxima.

(Henry David Thoreau)

Primeiro achei que era um engano, que não ouvira direito.

Apesar de estar ao lado de minha mãe enquanto ela recebia a notícia ao telefone, era difícil acreditar.

Assassinatos são sempre chocantes e nos pegam de surpresa.

Mas quando se trata de irmão que mata irmão — vizinhos nossos, amigos de infância — a coisa toma tons de absoluta irrealidade.

Pensei logo na mãe.

O que estaria sentindo aquela mãe? Impossível sequer imaginar.

Em seguida vieram outras perguntas. Como? Onde? E principalmente: por quê?

Do outro lado da linha, meu padrasto dava a resposta tão surreal quanto o próprio crime:

— Há várias versões circulando, mas a verdade é que ninguém sabe. Não houve motivo.

Pode-se alegar que motivo algum justifica um fratricídio ou qualquer assassinato. Mas matar sem motivo me pareceu ainda mais monstruoso. Um suor gélido percorreu o meu corpo da cabeça aos pés.

Era a revolta! Eram as visões de sangue de julho passado! Eu previra aquilo! Apenas quatro meses atrás, eu previra!

O que estaria ainda por vir? E por quê?

Mas eu sabia por que, ou achava que sabia...

Foi tudo por causa da venda. Aquela venda jamais poderia ter sido feita. Eu quebrei meu pacto com aquele lugar onde as tragédias passaram a suceder. As consequências vieram de imediato. Minhas visões mais sombrias vinham se concretizando havia meses.

Ao me lembrar do tal pacto, minha memória me levou a um tranquilo fim de tarde, um verão de minha adolescência, quase duas décadas antes.

•••••

Não é verdade que há momentos em nossas vidas que não têm nada de extraordinário, mas por alguma razão ficam marcados para sempre na memória?

Lembro-me de um deles. Eu tinha dezessete ou dezoito anos e conversava com um amigo da mesma idade. Era um fim de tarde e estávamos à beira da piscina de meu sítio, em um de nossos momentos filosóficos. Enquanto apreciávamos o pôr do sol e, apesar de sermos tão jovens, falávamos, não sei por que, sobre velhice, morte e destino.

Em dado momento começamos a especular como seria nossa vida em vinte anos. Em seguida estendemos esse período para quarenta anos e depois para sessenta. Em sua projeção, meu amigo falava de esposa, de filhos, de netos... Então eu disse a frase que jamais esqueceria:

— Não sei se aos oitenta anos estarei morando com mulher, com filho ou com neto. Só de uma coisa tenho certeza: é que vou estar aqui, neste sítio. Vivendo aqui, sozinho ou acompanhado, estarei feliz.

Ao pronunciar tais palavras, senti como se selasse um pacto com aquele lugar.

O amigo, balançando a cabeça, comentou:

— Acho que tem razão. Não consigo imaginar você sem este sítio. A gente percebe que é uma ligação para sempre.

Nossa única desculpa era que, como disse, tínhamos a inexperiência de nossos dezessete anos e também certa sensação de invulnerabilidade (eu pelo menos tinha), como se o tempo não tivesse o poder de mudar as coisas com tanta celeridade e brusquidão.

Estávamos equivocados, claro.

•••••

Em meados de 2007, o sítio foi vendido.

Para mim foi bem triste, pois sempre me senti muito ligado àquele lugar; a cada animal, cada árvore, cada lago, riacho ou olho-d'água, cada pedra.

Lá seria também o local de descanso de antepassados. Descanso simbólico, claro, pois o que ali restava era apenas o aspecto material, mas, assim mesmo... As cinzas de meu avô e de meu pai foram lançadas às margens de um grande lago, e uma velha churrasqueira de tijolos, ao pé de uma gigantesca figueira branca, seria reformada e transformada em uma capelinha. Ali depositaríamos os restos mortais de minha avó, a pedido dela.

A venda fora necessária. A situação havia mudado muito desde 1979, ano da compra do sítio. As despesas mais básicas de manutenção chegaram a um ponto em que as rendas da família, que já não contava com o meu pai, iam quase integralmente para o sustento do sítio e mesmo assim começavam a ser insuficientes.

Por mais que eu e minha mãe tentássemos evitar e adiar esse momento, por mais penoso que fosse, tivemos que aceitar a derrota e passar a propriedade adiante.

No dia 10 de julho de 2007, visitei o sítio pela última vez antes que a venda fosse formalizada. Despedi-me dos animais e das árvores — das mais antigas até as que eu plantara desde criança, junto com o meu pai, minha mãe e meus avós.

Gigantescas figueiras e palmeiras, pinheiros de um verde perpétuo, mangueiras centenárias, perfumados eucaliptos, pitangueiras, goiabeiras vermelhas e brancas, amoreiras que estendiam seus ramos sobre as águas calmas do lago e tinham seus frutos disputados por carpas multicoloridas.

Aquilo para mim era a versão vegetal dos míticos tesouros do Rei Salomão.

Eu conhecia e considerava cada uma daquelas árvores como um membro da minha família. Meu consolo era saber que, mesmo depois que eu já tivesse cumprido este meu ciclo de vida, elas ainda estariam ali por muitos anos; algumas até séculos. E até mesmo depois que as mais longevas tivessem secado, restavam suas sementes, já espalhadas por todos os lados, multiplicando-se e honrando o contínuo ciclo da natureza através dos tempos.

É indubitável que há naquele local uma energia muito poderosa. Acredita-se que a combinação de rochas e água produza uma qualidade especialmente forte de energia elemental, e ali há abundância de ambos.

O sítio tem a forma aproximada de um prato de sopa. Suas bordas são grandes rochedos e seu "fundo" é um lago. Entre as bordas e o centro há inúmeras nascentes de água, trechos de mata virgem, lagos menores, pomares e finalmente as casas e a piscina, quase invisíveis em meio à infinidade de árvores que plantamos ao longo de quase três décadas. Com o aumento das árvores, começamos a observar a presença de animais da fauna nativa que nunca havíamos visto antes por ali: tucanos, maritacas, capivaras, papagaios, macacos...

Os visitantes também percebiam a energia do ambiente. Vários a sentiam já nos primeiros minutos de interação com o local.

Muita gente ia pescar no lago do sítio. Certa vez, um pescador pediu permissão para se aproximar de uma das casas, pois se sentira atraído pela figueira que há ali. Não se contentou em tocá-la; abraçava-a também, dizendo que assim se beneficiava da extraordinária energia da árvore. Em dado momento, chegou a beijá-la. Casos assim não eram incomuns.

Na tarde de 10 de julho de 2007, como dizia, eu também aproveitava para armazenar um pouco mais dessa potente energia. Se seria pela última vez, só o tempo diria.

Subi e desci montanhas e rochas, contemplei espelhos d'água repletos de peixes e girinos, entrei em grutas onde os morcegos, aglomerados às centenas, faziam ainda seu repouso diurno. Ouvi o canto dos pássaros, o vibrar das asas dos beija--flores e o grito das seriemas (que, de acordo com as crenças regionais, gritam para pedir chuva).

Entre cinco e seis da tarde, quando começava a escurecer, despedi-me do lugar que mais amava e entrei em meu carro, dando a partida.

Havia percorrido poucos metros da estrada quando, ainda dentro do sítio, no cume de um morro, resolvi parar e descer para apreciar o panorama do sítio, lá de cima, ainda uma vez.

No local havia uma grande palmeira imperial. Fora plantada por meu pai em 1982 e agora, com cerca de vinte metros de altura, era como um marco do local; uma árvore alta em um dos pontos mais altos, erguendo-se imponente além montanhas e vales.

A vista naquele ponto alcançava dezenas de quilômetros de relevo montanhoso, com massas densas e escuras de matas virgens e palmeiras solitárias espalhadas por pastagens. Ao longe, mal encobertos pela paisagem acidentada, trechos de cidades vizinhas, cujas luzes começavam a prevalecer sobre a luminosidade minguante do fim de tarde de inverno.

Então fui tocado mais uma vez pela intensa energia do local.

Agora, porém, havia algo diferente. E assustador.

Senti que toda aquela terra, aquelas águas, as plantas, os animais, enfim, todo o sítio, como entidade, revoltava-se.

Era como se os recônditos da terra e o fundo das águas convulsionassem em fúria; como se as raízes se contorcessem, cheias de repulsa pelos novos proprietários que passariam a circular por entre elas.

Parecia que, assim como eu não quisera me separar daquele lugar, o lugar não queria se separar de mim.

A sensação de desequilíbrio dos elementos se transmitiu à minha alma, o que me causou inicialmente tristeza e logo se traduziu em uma estranha fraqueza física. Tive de me apoiar por alguns instantes no tronco da palmeira da qual me aproximara. Percebi então que o tronco oscilava, como se de fato suas raízes estivessem se agitando sob a terra.

Após alguns minutos me recuperei e pensei ser aquilo nada mais do que uma fantasiosa projeção, no mundo exterior, daquilo que eu sentia em meu interior — minha alma e minha mente. Abalado com a ruptura, que para mim representava a despedida daquele local, sentia manifestações físicas que refletiam a minha psique.

Esta foi a hipótese mais aceitável que consegui formular para explicar aquilo que me parecia uma rebelião da natureza.

Mesmo assim, permanecia forte o pressentimento de que o sítio traria uma tragédia (tragédia, exatamente, foi a palavra que me veio à cabeça) a seus novos donos, e tal augúrio também se estenderia aos vizinhos.

Eu via tragédias envolvendo gente jovem, o que de certo modo é redundante, pois a morte ou adoecimento de um jovem sempre são considerados mais ou menos uma tragédia. O fato é que eu sentia com muita clareza algo envolvendo os netos dos compradores, talvez porque eles mesmos declarassem frequentemente, em relação às terras: "Nós já estamos velhos, isto aqui é para os netos."

Pois em maus lençóis eu via esses netos, e me alarmava com essas visões, embora em vão tentasse desprezar o mau augúrio como bobagem.

Afinal, a ideia de uma revolta da natureza não fazia sentido. Os compradores eram boa gente e o negócio fora feito de maneira justa e honesta. As despesas para manter a propriedade estavam pesadas demais. E eles tinham o dinheiro, não apenas para comprar as terras, mas, o que é mais importante, para mantê-las bem-cuidadas.

Até à própria natureza, portanto, a venda traria benefícios.

Os novos donos teriam, por exemplo, mais condições de proteger a terra contra as enxurradas de verão e a erosão, um sério e dispendioso problema numa área que, além de ser extremamente montanhosa e de ter solo ácido, possuía numerosos olhos-d'água, brejos, lagos e ribeirões.

Era preciso estar sempre atento, constantemente desviando cursos d'água, protegendo barrancos e ribanceiras, reflorestando muito e gastando pesadamente em calagem e adubação.

Se os compradores poderiam cuidar melhor daquele pedaço da natureza, não havia razão para que ela se revoltasse. Não parecia certo?

Parecer... Que verbo irreverente!

Nem sempre aquele que tem mais condições para fazer algo tem também a disposição para fazê-lo.

Cerca de três semanas após minha última visita ao sítio, soube que um filho do novo proprietário planejava cortar algumas árvores nas áreas mais próximas às casas e à piscina.

Da lista de execução constavam pitangueiras, goiabeiras, pinheiros e até a imensa figueira branca.

Recebi a notícia na manhã de uma sexta-feira. O corte estava marcado para sábado ou domingo. Entre as pessoas chamadas para o serviço estava o nosso ex-caseiro. O homem que trabalhou para a minha família por mais de vinte e cinco anos, que viu meus avós, meus pais e eu plantando as árvores, e agora se dispunha a destroçá-las. Contatei-o em seu celular, indagando sobre a veracidade da informação.

Ele confirmou, e retrucou os meus protestos com gélida indiferença:

— Agora que já não trabalho para vocês, o que me pedirem eu faço, contanto que me paguem.

Podem me achar ingênuo, mas fiquei surpreso ao constatar a mudança que um pouco de dinheiro pode causar em certas pessoas.

Quase não acreditei estar ouvindo aquilo da boca de alguém que demonstrara tanta estima por minha família durante tantos anos. Ele, no entanto, continuava:

— E outra coisa: você não tem nada que reclamar. Aquilo não é mais seu. Agora quem manda são eles.

— Para fazer uma denúncia à Polícia Florestal e ao Ibama não é preciso ser dono — retorqui.

O homem se calou. Parecia que tal possibilidade não lhe tinha ocorrido. O corte de árvores de tal porte, de espécies frutíferas nativas, algumas plantadas por determinação do próprio Ibama, acarretaria multas pesadas e talvez algo mais. Minha esperança era que ele receasse justamente esse algo mais. Resolvi reforçar:

— As consequências não virão só para eles, mas para você também. Você quer participar de uma coisa sabendo que é contra a lei.

— Se eu não cortar, ele mesmo corta — replicou, referindo-se ao filho dos donos. — Ele já confirmou que vem no fim de semana e trará motosserras.

— Não se eu puder evitar.

Ele tentou contemporizar:

— Bom, mas... Então... Então resolvam entre vocês. O que me mandarem fazer, eu faço. Eu sempre convivi bem com vocês e...

— Espero que continue assim — completei, desligando o telefone.

Mesmo que o ex-caseiro resolvesse agora pensar duas vezes antes de fazer o trabalho sujo, isso não me tranquilizava. O filho dos novos donos do sítio poderia pagar outra pessoa para fazer o serviço, ou cortar as árvores ele mesmo.

Telefonei para a doutora Sandra Marcondes, advogada ambientalista e autora de livros sobre o assunto. Eu a conhecera meses antes e ela ficou maravilhada ao saber que apenas nos últimos anos minha mãe e eu havíamos plantado mais de três mil mudas de espécies nativas brasileiras. Ao longo do dia, ela me enviou e-mails contendo trechos de leis a respeito da derrubada de árvores.

A ligação seguinte foi para o comprador do sítio, atual proprietário e pai do rapaz que queria fazer a devastação.

Digo devastação mesmo não sabendo quantas árvores exatamente ele planejava cortar. Mas, para mim, o corte de uma única árvore já é uma devastação, um desastre e um sacrilégio.

Acho que qualquer violação à natureza deveria ser considerada um crime tão hediondo quanto a violação de um ser humano.

Mas, como dizia, telefonei para a casa do comprador.

Atendeu sua esposa. Como o marido não estava, expus a ela a situação. Ela me deu sua palavra de que nenhuma árvore seria derrubada.

— Eu até passei mal quando ouvi essa história de cortar árvores — garantiu. — Você sabe que eu também adoro plantas, *adoro*! Até fiz Botânica! Pode ficar tranquilo, meu marido já disse para não cortarem nada.

Pareceu sincera. Só então pude me acalmar, o que evitou maiores apreensões também a ela, pois me lembrando do pressentimento de semanas antes, eu já estava a ponto de falar em tragédias para a família, revolta dos elementos da Natureza e outras desgraças que talvez abalassem os nervos da idosa senhora. Ainda bem que eu nada disse a esse respeito — logo veremos por quê.

No final daquela exaustiva sexta-feira, enquanto ainda pensava em contatar o ex-deputado federal Fabio Feldmann, sempre ativo em questões ambientais e amigo da doutora Sandra Marcondes, fiquei sabendo que logo após minha conversa com o caseiro, o novo dono mandara recado a diversas pessoas deixando claro que "estava cancelado" o corte das árvores.

O fim de semana chegou e passou. Ninguém trouxe motosserras.

Nada foi cortado.

•••••

Quando tive a sensação de rebelião da natureza, pensei que algo precisava ser feito para amainar aquilo que eu havia interpretado como energias ruins. Eu podia estar impressionado, mas não cheguei ao ponto de pensar em oferendas, rituais ou exorcismos; imaginei algo menos trabalhoso e mais singelo: uma simples apresentação do sítio aos novos proprietários.

Eu lhes apresentaria as rochas, as florestas e as nascentes de água. Mostraria onde plantara as centenas de mudas mais jovens, que ainda precisavam de cuidados — adubação na época das águas, regas na época da seca, combate a insetos predadores e a ervas daninhas. Diria em que barrancos as corujas faziam seus ninhos para que fossem protegidos na estação de procriação. Indicaria os locais onde haviam sido espargidas as cinzas de meu pai e de meu avô. E muitas outras coisas, para as quais havia até feito uma lista.

Era minha mãe quem tinha contato mais frequente com os compradores. Expliquei-lhe minha ideia e pedi que a transmitisse a eles.

O homem não demonstrou o menor entusiasmo por minha apresentação, o que me surpreendeu. Tanto quanto sua esposa (aquela que havia estudado Botânica), ele sempre professara ser grande amante da natureza, particularmente das árvores frutíferas e dos passarinhos que atraíam. A maioria das centenas de mudas a que me referi e que ainda necessitariam muita atenção, era de frutíferas nativas — pitangas, goiabas, jabuticabas. Com a voracidade da formiga saúva por um lado e a tenacidade do capim braquiária por outro, elas dificilmente teriam chance de sobreviver.

Após deixar clara sua indiferença, e talvez para não parecer grosseiro, ele disse a minha mãe que se ela quisesse muito mostrar essas "coisas", que procurasse um de seus filhos — justamente o que quisera cortar as árvores.

A tal apresentação, claro, jamais aconteceu.

Hoje, olhando para trás, posso entender melhor o desinteresse desse senhor, e por uma única razão.

Tanto na ocasião em que minha mãe lhe expôs a ideia da apresentação como no famigerado dia das motosserras, mal podia eu imaginar que os infortúnios que pressentira já estavam desabando sobre suas cabeças.

No exato momento em que eu falava com aquela senhora ao telefone, e reagia indignado à possibilidade de derrubada das árvores (e ela também, justiça seja feita), dois de seus netos adolescentes estavam em cativeiro, sequestrados.

Imagine o leitor se eu, exaltado pelo impulso de salvar as árvores, contasse (e por pouco não o fiz) à pobre mulher que previra tragédias para seus netos justamente quando eles se encontravam em cativeiro!

Realmente, ao fazer o telefonema, eu pensara em mencionar a visão envolvendo os netos, mas não o fiz por dois motivos: primeiro, tanto o marido como a esposa eram católicos fervorosos; ele vivia com a Bíblia na mão, e talvez não acreditassem em premonições. Segundo, a esposa havia sofrido um acidente vascular cerebral algum tempo antes e tive receio que pudesse fazer mal à sua debilitada saúde a menção a desgraças envolvendo seus netos.

Por falar nisso, recordo que, embora as tragédias das visões se referissem especialmente a jovens, eu já considerava o enfraquecimento dessa senhora parte da premonição, pois o acidente vascular acontecera pouco após a venda.

A família tentou manter segredo sobre o sequestro, mas a notícia acabou vazando e em poucos dias o crime era comentado por toda a cidade.

Após cerca de um mês os dois jovens felizmente foram libertados — apesar de bastante traumatizados e com vários quilos a menos.

Quando soube do sequestro, tentei depois de algum tempo, outra vez por meio de minha mãe, fazer com que os compradores se interessassem pela ideia da apresentação. Novamente, nenhum interesse.

Aquelas visões sempre tornavam à minha mente e, após o sequestro, com um sentimento de fatalidade ainda mais pesado. Ao mesmo tempo que acreditava que os infortúnios causados pela revolta da natureza prosseguiriam, eu era tomado por uma enorme perplexidade: como era possível que a natureza, em especial aquele pedacinho de natureza pelo qual eu sentia tanto afeto, pudesse ser má e vingativa? Que mistério! E que absurdo!

No entanto, alguns acontecimentos continuavam corroborando as visões. Como disse, sentia o mau augúrio atingindo especialmente a família dos compradores, mas se estendendo também aos vizinhos.

Foi o que aconteceu menos de três meses depois do sequestro.

Em um dos sítios que fazia divisa com o nosso, vivia uma numerosa família composta pela mãe viúva e dez irmãos. Alguns desses irmãos já eram casados e tinham filhos, mas continuavam vivendo ali.

Em um lugar onde se sabe da vida de todos, não parecia haver nada de anormal entre eles. Conviviam como a maior parte das famílias — brigas ocasionais, nada de extraordinário.

Foi assim até novembro de 2007, quando um dos irmãos matou um outro a tiros. O crime ocorreu ali mesmo onde eles moravam, numa estrada a poucos metros de nossa divisa. Um furor de perplexidade percorreu a cidade. As versões que passaram a circular mencionavam motivos tão banais que o crime passou a ser visto como algo inexplicável.

Ao longo dos quase trinta anos que mantivemos o sítio, tivemos um relacionamento estreito com essa família. O que mais uma vez me impressionou é que justamente os dois irmãos envolvidos no crime — o que matou e o que foi morto — eram aqueles com quem eu tinha mais contato. Brincávamos quando crianças e, depois, mais velhos, negociávamos bois e cavalos. Dentre todos os vizinhos de todas as propriedades circunstantes, eram eles dois os que visitavam o nosso sítio com maior frequência.

Para mim foi mais um sinal de que a profecia de sangue de 10 de julho era a visão de um futuro assustadoramente real.

Cerca de duas semanas após o assassinato, minha mãe e meu padrasto foram até o sítio buscar algumas ferramentas de serralheria que ainda estavam lá. Fazia mais de quatro meses que o sítio fora vendido e minha mãe ainda não estivera lá desde então.

Naquela tarde, ela me telefonou para contar algo estranho.

A palmeira imperial que ficava no alto da montanha — a mesma na qual me apoiei quando tive a fatídica visão e em cujo tronco senti a misteriosa oscilação — havia secado! Entre as poucas folhas restantes, não se via o menor vestígio do verde intenso que ela exibia desde que fora plantada, vinte e cinco anos antes.

Não havia causa detectável para a morte daquela árvore. A idade da planta estava fora de questão. Palmeiras imperiais são muito longevas. As do Jardim Botânico do Rio de Janeiro, por exemplo, foram plantadas no tempo de Dom João VI — por isso são chamadas imperiais — e ainda estão lá.

O fato de que uma árvore tão representativa do sítio, e ao mesmo tempo tão ligada àquelas visões, tivesse secado de repente e sem motivo só poderia ser mais um sinal do poder daquela energia destruidora que eu vislumbrara há meses. Sinal de que ela não apenas existia concretamente, como continuaria agindo.

Em fevereiro de 2008, minha mãe, andando pela cidade, encontrou mais um de nossos ex-vizinhos; um senhor que ela não vira por vários meses.

Estiveram conversando quinze ou vinte minutos e o principal assunto foi o crime entre irmãos. Também esse senhor conhecia bem aquela família e parecia ainda surpreso com a tragédia recente.

— Que coisa mais triste! — comentou ele. — Morrer pelas mãos de um irmão!

Era a surpresa normal e compreensível com que toda a gente ainda falava daquele caso chocante. Em nenhum momento minha mãe notaria nada diferente na conversa ou no comportamento daquele ex-vizinho.

— Normal. Normalíssimo. O mesmo de sempre — ela contaria depois.

Algumas horas após falar com minha mãe, esse senhor normalíssimo, que conversara e se portara como sempre, cometeu suicídio atirando-se ao caudaloso rio que corta a cidade.

• • • • •

Eu estava perplexo com os acontecimentos.

Em apenas sete meses, começando logo após minha visão, só entre os nossos vizinhos já haviam acontecido dois sequestros, um fratricídio e um suicídio! E isso em um bairro até então tranquilo, que jamais testemunhara nada desse tipo. Antes, o crime mais grave que se dava ali era furto de gado.

Como se não bastasse, como se fosse para excluir qualquer dúvida, a árvore na qual me apoiara no momento das visões, cujo tronco eu sentira estremecer, secara sem motivo. Erguendo-se desfolhada e escurecida, mas ainda firme e ereta, parecia um espectro anunciando que a revolta prosseguiria.

Sete meses. Tudo isso em apenas sete meses! O que ainda estaria por vir? E por quê?

Outras pessoas passaram a perceber as bizarras e inexplicáveis conexões.

Um dos vizinhos vendeu suas terras no início de 2008. Alegou unicamente, como motivo, sentir que algo ruim aconteceria ali.

• • • • •

"A Natureza não pode ser má! O sítio não pode ser mau! Este lugar não pode estar assombrado! Isso não existe!", repetia mentalmente cada vez que uma nova fatalidade parecia confirmar minhas visões.

Essa incongruência me incomodou por vários meses — até que minha avó resolveu intervir, apresentando-me alguém que modificaria minha visão de várias coisas, talvez até meu destino.

Alguém poderá achar curioso o fato de que, à época de tal apresentação, minha avó já não estivesse entre nós havia mais de cinco anos. Não há razão, porém, para surpresa. A morte física não se revelou barreira para nossa comunicação. Como veremos, chegou mesmo a intensificá-la.

O APRENDIZADO

Pois Deus fala de uma maneira e de outra, e tu não prestas atenção. Por meio dos sonhos, das visões noturnas, quando um sono profundo pesa sobre os humanos, enquanto o homem está adormecido em seu leito, então Ele abre os ouvidos do homem, e transmite a ele a instrução.

(Jó 33:14-16)

Muitas coisas desconhecidas e jamais cogitadas por nossas mentes se manifestam a nós em sonhos.

(Cornelius Agrippa)

Já contei no *Fantasmas do tempo* algo sobre minha avó paterna, inclusive sobre o derrame cerebral que ela sofreu aos oitenta e quatro anos e que lhe paralisou a perna e o braço esquerdos, impedindo-a de andar.

Minha avó não conseguiu aceitar sua nova condição. Privada de sua mobilidade, de sua independência e especialmente de suas viagens, as quais foram sempre sua atividade preferida (quando não estava viajando, estava planejando a próxima), passou oito meses com o sentimento de revolta arraigado nela.

Depois disso, faleceu em decorrência de uma parada cardiorrespiratória. Creio que o modo como ela encarou as sequelas do derrame e o próprio *stress* que lhe causava aquela revolta causaram sua morte.

Minha avó havia sido por toda a vida uma fanática por controle, e agora não possuía controle nem mesmo sobre o próprio corpo.

Parece-me que o turbilhão de ira, insatisfação e impaciência que a agitava por dentro e nunca dava tréguas foi o grande responsável por ela haver sobrevivido menos de um ano depois do derrame, apesar de seu estado geral de saúde estar estável e satisfatório para alguém de sua idade e em suas condições.

Ela morreu em meus braços, na véspera do Natal de 2002.

Meses depois, comecei a ter sonhos muito peculiares. Neles, minha avó expunha teorias sobre filosofia, psicologia ou religião. Dizia estar em um lugar muito agradável e estimulante, onde professores qualificados lhe ensinavam sobre tais assuntos. Era como se estivesse em uma escola. As "matérias" que lhe eram ensinadas, ela frisava, encaixavam-se exclusivamente na categoria de "ciências humanas". Nunca um professor vinha lecionar matemática, química, biologia ou física — nada das chamadas ciências exatas ou biológicas.

Pareceu-me óbvio o motivo pelo qual minha avó estivesse aprendendo ciências humanas. E muito apropriado.

Durante toda a vida, além da mania por controle, ela demonstrara um peculiar desinteresse, às vezes até aversão, por quase tudo o que fosse humano, principalmente no que se referia às esferas emocional, psicológica e espiritual.

Minha avó, como sempre deixou claro, não teria tido filhos e netos por opção sua. Meu pai, seu único filho, fora "uma falha da indústria de preservativos", conforme ela explicitava entre risos.

Embora tivesse se esforçado para ser uma boa mãe, deixou a desejar em vários aspectos, ponto em que ela e meu pai concordavam. Não se saiu tão mal como avó, embora às vezes fosse flagrante sua falta de paciência, de sensibilidade e de calor humano.

Naturalmente tinha também suas qualidades. Eram extraordinárias sua coragem, disciplina e força de vontade, o que ela tão bem demonstrou durante as longas sessões de fisioterapia após o derrame, por exemplo. Era muito inteligente e tinha uma memória prodigiosa. Jamais se esquecia de algo que havia aprendido, o que lhe conferia uma erudição enciclopédica. Era o terror dos guias de turismo, pois sempre sabia mais do que eles sobre qualquer local, monumento ou obra de arte, corrigindo-os ininterruptamente. Falava seis idiomas fluentemente, e podia passar de uma língua a outra com a facilidade com que se muda uma estação de rádio. Pode-se dizer que o aprendizado de línguas também faz parte das ciências humanas, mas isso não nasceu de um interesse por idiomas em si e sim como consequência de sua paixão por viagens, da infância à velhice.

Em relação à filosofia, por exemplo, ela contava que, quando tinha pouco mais de vinte anos, foi obrigada a passar uma temporada em Paris por motivo de segurança. Foi durante a Segunda Guerra Mundial, e sua mãe estava fazendo um trabalho humanitário magnífico, mas também muito arriscado. Mais adiante, mencionarei esse feito de minha bisavó, que foi realmente único na História da humanidade (vocês verão que não exagero).

Mas, enfim, minha avó e sua irmã tiveram de ser afastadas de casa (moravam então na Croácia) e mandadas à França. Minha avó se matriculou em um curso de filosofia na Universidade de Sorbonne "por charme, para me fazer interessante", conforme ela admitiria depois.

— Não suportei dez dias lendo aquele monte de besteiras que só levavam do nada a lugar nenhum. Um dia me irritei, atirei os livros contra a parede, amaldiçoando todos os filósofos, e fui passear pela cidade. Não voltei ao curso e nunca mais cheguei perto de um livro de filosofia.

Outros exemplos de sua aversão à dimensão do humano logo me vêm à mente.

Em suas viagens pelo mundo, minha avó tirava centenas de fotos, gastando rolos e mais rolos de filmes. Sempre me impressionou a pouca frequência com que apareciam pessoas em tais sequências intermináveis. Mesmo quando as viagens eram para locais onde viviam parentes, suas fotos se restringiam a paisagens, edifícios e monumentos. Muito ocasionalmente apareciam alguns animais, como pinguins na Patagônia. Pessoas, só por acidente e, quando percebia um caso assim, separava a foto com desgosto, dizendo: "Ah, outra foto estragada!"

Uma vez estávamos em Pisa e ela se preparava para tirar uma foto da torre inclinada. Eu me interpus entre a câmera e a torre e estiquei o braço, para que ela tirasse uma foto em que parecesse que eu empurrava a torre.

Minha avó ordenou que eu saísse da frente da câmera ou estragaria a foto. Perguntei a ela qual era a graça de tirar fotos de um monumento se não aparecêssemos nelas. Afinal, se fosse só pela torre, poderíamos escolher inúmeros cartões postais à venda por ali, tirados por fotógrafos profissionais de todos os ângulos e distâncias imagináveis e com qualquer tipo de luz que se desejasse — amanhecer, pôr do sol, noite, com lua, sem lua. Não a convenci. Era sua opinião irredutível que as pessoas, parentes dela ou não, arruinavam as fotos.

Minha avó tinha um senso estético peculiar e rígido, e por meio dele avaliava tanto coisas como pessoas — não que para ela houvesse muita diferença entre uma e outra categoria. Aliás, parecia-me sintomático dessa "coisificação" do ser humano o fato de que ela se referisse a pessoas como "isso". Se estivesse assistindo a uma novela — gênero do qual não gostava, mas a que se submetia, impaciente, à espera do noticiário, era comum perguntar:

— Quem é *isso*? *Isso* é Lima Duarte?

Eu respondia, imitando-a:

— Não, *isso* não é Lima Duarte. *Isso* é Raul Cortez.

Ou então:

— Oh! *Isso* é Regina Duarte? Como está bem! Deve ter feito várias plásticas!

E eu:

— Não, *isso* é *filha* de Regina Duarte.

— Ah, logo vi. *Isso* estava jovem demais.

Também em fotos de pessoas que evidentemente não foram tiradas por ela:

— Aqui atrás, de perfil... *Isso* é sua mãe?

— Sim, *isso* é minha mãe.

Ela jamais percebia que eu a estava imitando. Mas nem sempre eu brincava e incontáveis vezes expliquei que "isso" não se usa para pessoas e nem mesmo para animais de estimação. Espanta-me que ela nunca tenha corrigido esse lapso, pois, apesar de austríaca, seu português era impecável — com a única exceção do "isso".

Mas eu falava do seu senso estético. Como acontece com a maioria de nós, o belo agrada, o feio desagrada. Uma reação básica do ser humano. Mas com minha avó a reação ao feio era magnificada: tudo que ela considerasse desagradável à vista era uma afronta pessoal, uma agressão intencional e deliberada. Era como se o feio fosse feio apenas para incomodá-la. Esse sentimento não amainava nem nos momentos mais extremos — por exemplo, nas semanas que passou no hospital após o derrame.

Depois de cinco dias na UTI, ela foi transferida à ala semi-intensiva, onde havia vários convalescentes. Nos primeiros dias, havia no leito em frente ao dela uma senhora ainda mais idosa que ela e extremamente magra.

Minha avó olhava fixamente para a velhinha com um olhar de profunda indignação. Sem tirar os olhos da pobre mulher, dirigia-se a mim em voz baixa, certa de que ninguém além de mim a ouviria:

— Veja essa mulher! É puro osso! Apenas pele e osso e também não tem os dentes. Apenas gengivas, pele e osso. É muito desagradável de se olhar!

Eu sussurrava junto ao seu ouvido:

— Então não olhe!

— Como se fosse possível! Adoraria não olhar, mas está bem na minha frente. Enfim, espero que seja removida logo. É multo deprimente e desagradável.

Parecia-me incrível que o aspecto cadavérico da velhinha a incomodasse mais que seu próprio derrame, sua incapacidade de se mover, a luz e o barulho constantes da ala semi-intensiva, as agulhas espetadas no braço e a sonda nasogástrica que lhe descia do nariz ao estômago.

Dias depois, de fato, a velhinha já não estava lá. Não sei o que aconteceu com ela. Seu leito foi logo ocupado por uma moça que sofrera um acidente de carro. A não ser por algumas costelas fraturadas e um corte na perna, parecia saudável. A troca, no entanto, não agradou minha avó. A moça dera entrada com os cabelos presos por algum tipo de trança. No hospital, tiveram que desfazer as tranças, fazendo com que o cabelo, muito grosso e volumoso, ficasse semelhante à juba de um leão. Lembrou-me Tina Turner quando esteve no Brasil. Afora esse detalhe, a aparência da moça era normal. O cabelo, porém, foi demais para minha avó:

— O que é isso? Olhe para isso! Pior que uma mulher das cavernas! Um cabelo assim em um hospital é até anti-higiênico. Por que alguma enfermeira simplesmente não corta?

E passava horas olhando fixamente para aquele cabelo que tanto a desagradava, exatamente como fizera antes com a velhinha, repetindo a intervalos:

— Pior que uma mulher das cavernas. É até falta de respeito com os outros. Imagino quanto tempo ainda terei que ficar olhando para ela, aqui na minha frente. Muito desagradável!

Depois, fez-me um pedido, com um tom de urgência na voz:

— Vá, veja se descobre com as enfermeiras quanto tempo *isso* ainda vai ficar aqui.

• • • • •

Meses mais tarde, quando ela já estava em uma clínica de repouso, recebeu certo dia a visita de uma amiga. Ao vê-la tão amarga e inconformada, a amiga aconselhou:

— A senhora precisa é se apegar a Deus.

Ao que ela respondeu:

— Dona Marina, nunca acreditei em Deus. Não seria agora, aos oitenta e quatro anos e nesta situação, que passaria a acreditar.

Não se pode negar que estivesse sendo coerente. Por toda a vida rejeitara o que não era exato, concreto e palpável.

Sentimentos, afetos, intuições... Como é concebível acreditar realmente em Deus sem sentir Deus? Como ela poderia mudar a essa altura? Ela própria me dissera uma vez, a respeito de religião:

— Conforme vamos envelhecendo, chega um momento em que o coração não aceita mais certas novidades. Não creio que haja em meu coração lugar para qualquer tipo de religião. Já passou o tempo em que eu poderia achar aceitável a ideia de Deus.

Eu achava curioso o fato de que, apesar de tudo, ela se utilizava frequentemente de imagens ou citações bíblicas.

Havia, por exemplo, entre as enfermeiras da casa de repouso, duas cujas vozes pareciam ser, por seu timbre e volume, extremamente desagradáveis aos ouvidos de minha avó, que se queixava a mim:

— Acordar com as vozes dessas duas é como acordar todos os dias com as trombetas do Apocalipse. Esses berros poderiam despertar até os mortos! Elas falam como se as pessoas desta casa fossem surdas.

— Mas algumas realmente são — lembrei-a.

— De fato. E as que não são têm que pagar por isso — replicou ela, com expressão de desgosto, acrescentando: — O falador fere com golpes de espada[2].

Parecia que em algum estágio de sua vida minha avó se convencera de que Deus não existia, todas as religiões eram superstições primitivas, a filosofia se resumia a especulações inúteis de indivíduos desajustados e lunáticos e que a expressão da maioria dos sentimentos era perda de tempo e de energia.

Ao longo da vida, essas suas convicções foram se consolidando e talvez, naquele ponto em que se encontrava — seus últimos meses de vida após um grave derrame —, realmente não tivesse mais a maleabilidade de transformar seu sistema de crenças.

2 Provérbios 12, 18.

Porém, o que ela não poderia prever então, até porque dizia não acreditar, era que essa capacidade de aceitação e de aprendizado seria recuperada no estágio seguinte, após o término daquele seu ciclo físico de vida. Então, conforme eu soube por ela mesma, houve após essa passagem uma reabertura dos canais de aprendizado, e assim, pareceu-me muito apropriado que ela estivesse sendo instruída sobre as dimensões do saber que antes desprezara como inutilidades e falta de senso prático.

Tive também a sensação, mais tarde confirmada, de que, no fundo, ela sabia que negava os próprios sentimentos, o que explica o fato de ela ter se mostrado tão receptiva às coisas do sentimento e do espírito assim que passou ao outro plano. Lembrei-me de suas constantes citações bíblicas e desconfiei que suas repetidas afirmações de que não acreditava em Deus fossem mais uma tentativa de negação e autoengano do que uma verdadeira convicção. O exemplo das frases bíblicas poderia ser um sinal disso; seriam talvez gotas extravasando de um imenso volume de água represado, ou seja, seus sentimentos, inclusive o de religiosidade.

Quando aparecia para mim em sonhos, ela demonstrava muito entusiasmo pelos conhecimentos que adquiria. Vários deles ela compartilhava comigo por meio dos mesmos sonhos. Eu acordava com suas teorias sempre frescas e definidas em minha memória e rapidamente as passava para o caderno.

Imagino que as entidades que a estejam instruindo sejam muito evoluídas, pois embora esses ensinamentos sejam acurados e comprováveis, não encontrei nada igual em literatura especializada. Semelhante, sim, mas não igual.

Dou um exemplo: entre as teorias que ela me fez conhecer, muitas dizem respeito a mecanismos e dinâmicas dos sonhos. Uma delas é uma explicação ao contrassenso do pesadelo. Ora, se o objetivo do sono é o repouso do corpo e da mente, qual é o mecanismo que explica o pesadelo, um paradoxo no sentido de que ele não só pode diminuir a qualidade desse indispensável repouso como até interrompê-lo, fazendo frequentemente o sonhador acordar aterrorizado e incapaz de adormecer novamente?

Pois bem: minha avó expôs, no sonho, uma teoria que explicava o porquê do pesadelo. As teorias detalhadas serão futuramente publicadas em um livro que tratará exclusivamente delas, mas, em resumo, o que ela explicou é que o pesadelo seria um mal menor necessário para evitar um mal maior e mais perturbador à psique. Em suma: o pesadelo funcionaria como uma "distração" nos momentos em que os sonhos estariam nos encaminhando a respostas para as quais ainda não estamos preparados.

Em primeiro lugar, procurei testar em mim mesmo essa teoria. Como já comentei, raramente tenho pesadelos e nem gosto de chamá-los assim, mas os que tive, se não estão anotados em meus cadernos, estão gravados em minha memória. Apliquei a eles a teoria, que se encaixou perfeitamente.

Em seguida, fui pesquisar em literatura especializada — Freud, Jung, Adler, Perls e outros. Não encontrei em nenhum deles teoria idêntica, mas muitas similares, e mais: em nenhum ponto a teoria ensinada à minha avó contradizia esses grandes nomes, mas os suplantava, ia além de suas descobertas. Por isso estou convencido de que os professores de minha avó são de fato muito evoluídos.

Mas será que esses ensinamentos, dos quais o exemplo acima é apenas um entre centenas, realmente provinham dos professores espirituais de minha avó e eram repassados a mim por meio de sonhos? Ou talvez se originassem em meu próprio subconsciente, aflorando durante os sonhos e recebendo, por algum motivo que eu ignorava, o "disfarce" de um contato com minha avó?

No entanto, alguém, de alguma maneira, não queria que essa dúvida persistisse, e tratou de dissipá-la por meio de duas sincronicidades. Talvez esse alguém fosse minha avó, talvez seus professores astrais. Só sei que a dúvida devia ir embora e alguém cuidou para que isso acontecesse não apenas uma, mas duas vezes.

Após um sonho que tive em que minha avó me passava informações sobre seu aprendizado, uma voz, que não era a dela, dizia ao final:

— Abra uma Bíblia, com seu dedo polegar da mão esquerda, no ponto mais próximo da metade do livro. Olhe para a ponta do dedo com o qual você abriu a Bíblia. Leia a frase que estiver mais próxima.

Acordei e tomei nota da instrução. Como não tinha uma Bíblia em casa, fui a uma livraria.

Ali, entre vários exemplares, escolhi o menor, pois seria desajeitado abrir uma Bíblia grande e pesada apenas com o polegar da mão esquerda. Posicionei a pequena Bíblia sobre uma estante e a abri conforme instruído.

A página aberta era o começo do "Livro do Eclesiástico". A frase que estava logo acima de meu polegar esquerdo era a seguinte: "Toda a Sabedoria vem do Senhor Deus". Interpretei tais palavras como um sinal de que a sabedoria, no caso as teorias, estavam sendo entregues a mim por uma fonte externa e sua origem, portanto, não estava em mim.

O sinal seguinte foi uma sincronicidade muito bonita que me fez sentir com ainda mais intensidade a presença de minha avó. Ela sempre gostou muito de plantas e havia em seu apartamento, entre dezenas de outras espécies, alguns exemplares de um arbusto muito ornamental, conhecido como Árvore da Felicidade. Seu nome científico é *Polyscias fruticosa.*

Certa manhã, sonhei que minha avó, depois de me falar sobre filosofia e religião, transformava-se em onze dessas arvorezinhas. Achei o sonho muito bonito — as plantas estavam verdes e viçosas, e vi aquilo como um sinal de que ela estava bem e feliz.

Nessa época eu morava no Rio de Janeiro, em um prédio na esquina da rua Bulhões de Carvalho com a Francisco Sá. Após anotar o sonho e comer algo, dirigi-me à academia em que praticava jiu-jitsu, na Francisco Sá. Nessa rua, a duas ou três quadras do meu prédio, havia uma floricultura. Naquele dia, pela primeira vez em quase um ano que morava ali e fazia aquele caminho diariamente, vi na frente da floricultura diversas árvores da felicidade, cada uma em um vaso de cerâmica. É claro que parei e as contei. Eram *onze* vasos, exatamente como no sonho.

Além da sincronicidade em si, achei extraordinário o fato de que as árvores estivessem do lado de fora da floricultura, na calçada, como algo para chamar atenção. Perguntei ao vendedor por que estavam na calçada e ele respondeu:

— É que chegaram agora há pouco. Ainda não tive tempo de colocá-las para dentro.

Fez uma pausa e completou:

— Mas, pensando bem, acho que vou deixar mesmo aí fora. É bom que as pessoas vejam, pois é a primeira vez que compro essa planta.

No momento em que eu sonhava que minha avó se transmutava em onze árvores da felicidade, precisamente onze delas chegavam, pela primeira vez, a uma floricultura por onde eu passaria momentos mais tarde.

Impressionante também foi o cronograma dessa passagem. Uma hora e meia depois, eu voltava para casa fazendo o mesmo percurso por onde viera. Desta vez, já não estavam as onze árvores. Duas haviam sido vendidas. Se não tivesse passado ali no exato momento em que passei, ficaria intrigado ao ver na calçada as árvores com que sonhara, mas não tanto, pois a quantidade delas já não coincidiria.

• • • • •

Em um dos sonhos mais recentes que tive com minha avó, ela conversava animadamente com uma ex-vizinha que falecera alguns anos antes dela.

Eu não sabia quase nada sobre a vizinha, nem mesmo seu nome, e me surpreendi ao ver as duas conversando com tanto entusiasmo, pois apesar de terem sido vizinhas de porta, nunca tiveram muito contato.

Não quis interromper. Aguardei que o diálogo terminasse, curioso para saber a respeito de que duas pessoas que mal se cumprimentavam durante a vida estariam agora falando tanto.

Pareceu-me esperar um tempo considerável até que a vizinha se despedisse de minha avó. Aproximei-me dela e perguntei, casualmente:

— Colocando a conversa em dia?

— Não era apenas uma conversa — afirmou. — Eu estava tendo mais uma aula.

Então ela me explicou que sua vizinha fora uma brilhante psicóloga na última encarnação. Minha avó ficou pensativa por um momento, e depois disse:

— Durante anos moramos lado a lado e eu sequer sabia sua profissão. E, mesmo que soubesse, não teria me despertado o menor interesse.

Fez uma breve pausa, e acrescentou:

— Estranho, não? Quantas oportunidades de aprendizado deixamos passar...

• • • • •

Saber que após sua morte minha avó se dedicava com tanto afinco, entusiasmo e até alegria ao seu crescimento espiritual, foi para mim não apenas revelador e instrutivo, mas também comovente.

Ver sua dedicação às aulas me encheu de conforto e esperança.

Mas é inegável que, dentre os frequentes contatos que tive e continuo tendo com minha avó, talvez o mais importante tenha sido o sonho em que ela me apresentou Íside.

ÍSIDE - UM ENGANO DISFARÇADO DE LÓGICA

Muito do que tomamos por nosso conhecimento ou nossa sabedoria não passa de uma projeção de nossa psique sobre o mundo.

(Nietzsche)

Sua visão se tornará clara apenas quando você olhar para dentro do seu próprio coração. Aquele que olha para fora apenas sonha; aquele que olha para dentro desperta.

(Carl Gustav Jung)

O sonho que relato a seguir foi meu primeiro encontro com uma entidade espiritual que passaria a ser uma companheira e uma mestra.

A partir de então, Íside se tornou uma exuberante fonte de luz e sabedoria, levando-me a interessantes conclusões e esclarecimentos.

•••••

Estávamos em março de 2008. Oito meses desde a venda do sítio.

No entanto, a tal rebelião da natureza seguia sendo para mim fonte de espanto e contradição.

Em minha opinião, a natureza não poderia ser malévola. Deus não poderia ser impiedoso, e não poderia haver uma maldição pairando sobre o sítio. Não obstante, os fatos pareciam contradizer essas impossibilidades. Tudo parecia obscuro sempre que eu refletia sobre os acontecimentos recentes.

Certa noite, minha avó apareceu novamente em sonho. Vestia um sári de seda turquesa, semelhante a um que comprara em sua última viagem à Índia. Parecia levitar diante de mim, envolta da cabeça aos pés por uma curiosa resplandecência.

— Vejo que essa situação o está deixando confuso — disse ela, referindo-se à rebelião da natureza.

— Não era para deixar? — indaguei, descorçoado e ao mesmo tempo fascinado por aquela luz que ela emitia e que eu não vira em nenhum dos sonhos anteriores com ela.

— Alguém quer ajudá-lo.

— Ajudar-me? Quem?

— Seu nome é Íside e sua sabedoria é uma bênção para todos que têm oportunidade de aprender com ela. É uma de minhas mestras. Ela soube da sua aflição e resolveu lhe dar alguns esclarecimentos.

Assim que minha avó disse isso, apareceu ao seu lado uma mulher alta, reforçada de corpo, de aparentes sessenta e poucos anos. Embora suas feições não fossem propriamente belas, eram agradáveis aos olhos. Sua expressão, apesar de séria, tinha algo de carismático e cativante. Não obstante a imponência de sua aparência geral, uma aura de modéstia e benevolência parecia emanar dela. Tal qual minha avó, parecia flutuar diante de mim, irradiando o mesmo fulgor.

— Vou deixá-los a sós — disse minha avó, desaparecendo.

Alguns instantes de silêncio se seguiram, e foi a senhora quem o quebrou.

— Almas paradas — disse ela. — Ajudá-las a vencer suas resistências é meu trabalho.

Por algum tempo não entendi a quem ela se referia com "almas paradas". Nem ela se preocupou, naquele primeiro momento, em explicá-lo.

Continuei em silêncio, sem saber o que dizer. Mas, na frase que me dirigiu em seguida, Íside foi direto ao ponto:

— E seu sítio? — indagou. — Continua sonhando com suas árvores, seus bois, seus cães, seus pássaros?

Toda vez que ela dizia "seus" ou "suas", era com um toque de ironia que frisava tais palavras.

— De vez em quando — respondi.

— E se sente mal depois desses sonhos. Às vezes nostálgico e melancólico. Às vezes revoltado com o rumo que as coisas tomaram. Não é assim?

— É verdade — concordei.

— E pensa também em tudo o que aconteceu nos meses que se seguiram. Sequestros, assassinato, suicídio. A natureza se rebelou, não é? A natureza se revoltou com a venda do sítio. Não foi isso?

Outra vez a nota irônica em sua voz.

— Talvez... — retruquei, hesitante. — Não sei exatamente o que aconteceu.

— Que não sabe já percebi.

"Que arrogante!", pensei, incomodado com seus modos tão diretos, certo de que me enganara quanto à modéstia e à bondade da senhora. Todavia, prossegui:

— Não consigo conciliar as coisas que vêm acontecendo. A ideia de uma Natureza malévola e vingativa, atingindo pessoas que nada têm a ver com o assunto, parece inaceitável.

— Ah! Um pouco de bom senso, enfim.

Fiz que ignorei sua observação e continuei:

— Por outro lado, tive aquelas visões em minha despedida do sítio. O pressentimento de tragédias, sangue, desgraças... E logo após a venda, elas começam! Imediatamente! Um sequestro, um assassinato entre irmãos, um suicídio... A rápida piora da saúde do casal de compradores, de problemas de visão a derrames cerebrais. Minha experiência me ensinou a não tomar a maioria das coincidências apenas como tal, especialmente quando são tão significativas.

— Muito sábio de sua parte. Mas neste caso, o que você viu de significativo?

— Como? — exclamei. — Não é evidente? As tragédias ocorreram em menos de sete meses, quando nunca se ouvira falar de crimes naquele bairro em mais de trinta anos! Pelo menos desde que havíamos comprado aquelas terras. E nem antes disso! Nunca soube de nada do tipo por ali.

— Então o fato de sua família possuir as terras imunizava toda a região contra... Como você disse? Desgraças? Tragédias?

— Imunizar seria exagero, mas talvez, por meio de nossas ações, nós contribuíssemos para um equilíbrio das energias do lugar.

— Bem pretensioso de sua parte.

Realmente, que mulher grosseira! Contrariado, insisti:

— Mas e as visões que tive? As visões de tragédias? Elas aconteceram mesmo, com uma frequência jamais vista. Por que nada disso aconteceu durante os trinta anos em que o sítio foi nosso?

— "Tragédias jamais vistas". Que exagero. O que há de tão inédito no fato de que a saúde de dois idosos, quase octogenários, esteja fraquejando?

— Isso talvez não tenha nada de surpreendente, mas o resto...

— Como você explica "o resto"?

— Como dizia... Parece-me improvável a noção de uma natureza malévola e vingativa.

— Isso implicaria um Deus malévolo e vingativo.

— Sim. O que me parecia absurdo.

— Seria mesmo absurdo. Mas havia as visões, certo? E depois a correspondência dessas visões com a realidade, não foi? Algumas estranhezas, como a palmeira que secou, mas principalmente as "tragédias"?

Ela parecia me testar, dando corda para que eu me enforcasse. Mas prossegui:

— Exato. Mas como não conseguia conceber uma natureza vingativa, achei uma hipótese capaz de conciliar tudo de forma lógica.

— E qual seria?

— Imaginei que todos aqueles eventos já estivessem se configurando antes da venda. Tais confrontos dessas pessoas com a vida aconteceriam de qualquer modo, cedo ou tarde.

— Interessante.

Prossegui:

— Imaginei tudo se cristalizando, tornando-se mais concreto e menos maleável à medida que o tempo avançava. No entanto, por mais próximo que estivesse o momento do confronto, na hora H sempre sobrava espaço para o livre-arbítrio, embora seu poder diminuísse progressivamente. Ou seja, seria mais provável mudar o resultado de determinado evento a um mês de sua manifestação do que a uma hora. A um minuto a mudança seria mais difícil, a um segundo muito mais difícil, talvez impossível. Quanto mais próximo o "presente", mais cristalizado e menos maleável fica, e há menos lugar para o livre-arbítrio. Pode-se diminuir a zero a velocidade de um carro correndo a cem quilômetros por hora em um minuto, mas em um segundo é impossível. Seria mais ou menos assim a questão do livre-arbítrio e sua influência nos fatos futuros.

Íside me fitava intensamente, com um olhar que parecia ler minha alma. Após uns instantes em silêncio, indagou:

— Se os resultados podiam ser modificados, como você já os tinha visto nitidamente com semanas ou meses de antecipação, em sua última visita ao lugar?

— Porque eles já existiam, creio, em estado potencial. Cada visão seria, talvez, uma entre diversas possibilidades, concreta o bastante para ser percebida, mas ainda maleável o suficiente para ser modificada, como uma substância em suspensão, à espera da chancela do livre-arbítrio dos envolvidos. Porém, essas pessoas precisavam passar por algum enfrentamento. Tinham ensinamentos essenciais a resgatar deles. Os resultados dependeriam do livre-arbítrio até o ponto de não retorno.

— Poderia dar um exemplo? — demandou Íside.

— No confronto entre irmãos o resultado poderia ter sido diferente se tanto um como o outro houvesse usado o livre-arbítrio de modo diverso. Talvez um tenha provocado e o outro reagido à provocação, ao invés de ignorá-la.

— E onde se encaixa a venda de seu sítio?

Fiz uma pausa diante da pergunta para reagrupar meus pensamentos. Expliquei:

— Pensei no Teorema de Bell, que sempre despertou meu interesse. O teorema diz que a partir do momento em que duas partículas interagem, elas estarão eternamente conectadas por uma forma de energia mais rápida que a luz. Instantânea, talvez. Essa energia não diminui com o tempo, nem com a distância e não pode ser barrada por nenhum método concebível. Partículas que uma vez estiveram em contato continuam a se influenciar mutuamente para sempre e sob todas as circunstâncias.

— Você acredita nisso? — perguntou, com ar imparcial.

— Acho que é uma possibilidade — respondi. — O Teorema de Bell não é especulação ou ficção científica, é uma comprovação matemática derivada da física quântica. Apliquei o teorema aos fatos. As coincidências, tragédias e acontecimentos atípicos tinham uma coisa em comum: todos os participantes desses eventos, humanos ou não, de pessoas a árvores e elementos inanimados, haviam interagido fisicamente naquele local, passando, de acordo com o Teorema de Bell, a estar conectados por uma energia sutil, porém persistente.

— Sua teoria é interessante — concedeu a senhora. — Mas, antes que eu diga se concordo, volto a perguntar... Em que o ato da venda modificou essa interação?

— É o que quero explicar. Imaginei um campo de energia ligando o sítio, seus arredores e todos os elementos animados e inanimados que interagiam ali, inclusive pessoas. A venda implica não só a mudança de proprietários, mas principalmente suas consequências, como o deslocamento de animais e pessoas (os caseiros que viviam lá havia quase trinta anos), a ameaça à natureza, às árvores, como no episódio das motosserras. A ameaça à própria terra. Tudo isso foi acompanhado por sentimentos de medo, tristeza, inveja, cobiça, raiva.

Fiz uma pausa, esperando sua reação. Ela se limitou a fazer um sinal para que eu continuasse.

— Portanto, muita energia negativa. E não só da parte das pessoas no que diz respeito a medo e tristeza. Os cães, por exemplo, ficaram totalmente desnorteados à época da mudança. Alguns não conseguiam comer, tamanho seu estado de tensão. Um deles pulou um muro de três metros e voltou para o sítio, percorrendo quase dez quilômetros. Retornou dias depois para a casa de onde fugira, após ser enxotado do sítio pelos novos moradores. Como fez esse percurso não sei, pois nasceu no sítio e jamais saiu de lá.

— Você se inclui entre os geradores dessa energia negativa, naturalmente? — perguntou, interrompendo-me.

— Claro. Não há por que negar. Sempre fui contra a venda do sítio. Mesmo depois dela, não podia conceber que fosse destruído um só galho de árvore que eu houvesse plantado. Mas apenas nos últimos anos eu plantara mais de três mil mudas; era evidente que, após a venda, sem acesso ao sítio, eu não poderia controlar tais coisas. Daí meus sentimentos negativos, que percorriam toda a gama de emoções da tristeza à raiva.

— Você mencionou também cobiça e inveja — complementou Íside.

— Dou um exemplo. Não tínhamos como retirar tudo o que ficara nas casas. Não havia espaço onde colocar tudo aquilo. Houve certa discussão sobre o que ficaria para os novos proprietários e o que seria levado conosco ou dado para nossos caseiros. Coisas como louças, roupas de cama e objetos diversos, a maior parte de pouco valor. Mas foi incrível como isso trouxe à tona os instintos mais primitivos de certas pessoas.

— Sei... — murmurou ela, sem demonstrar interesse por tais miudezas. — Mas, voltando à sua teoria...

— Pensei que o campo de energia que conectava natureza, pessoas e elementos tivesse sofrido um abalo, talvez uma ruptura, em razão dessa carga negativa de sentimentos se acumulando à época da venda.

— Esse abalo causou as tragédias?

— Causar não é bem a palavra. Como falei, senti que tudo já vinha se configurando, à espera apenas das decisões dos envolvidos para ocorrer desta ou daquela maneira. Mas diria que o abalo causado pelas forças negativas acelerou os acontecimentos. Como se a aparente ordem fosse um castelo de cartas que cedo ou tarde ruiria para tomar uma nova configuração que proporcionaria os enfrentamentos com a vida que mencionei. Imagine que tal abalo foi como um sopro que antecipou a queda do castelo de cartas. Assim, o que aconteceria em anos ou décadas, ou mesmo não aconteceria, deu-se em um intervalo de poucos meses.

Eu havia concluído. Como Íside continuava a me fitar, indaguei:

— Essa é a teoria. E então?

— É uma hipótese lógica e interessante. Mas justamente por isso, está incorreta.

— Não entendi. Por ser lógica está errada?

— Ah, essa ingenuidade! Tão cedo o homem começa a se apossar do que lhe agrada, quer se trate de uma pessoa, um pedaço de terra, ou mesmo uma ideia! Quanto maior o sentimento de posse, mais nos desconectamos do essencial e menos percebemos nossa ligação com o infinito. Quanta evolução ainda o aguarda! Você foi iludido pela lógica do próprio pensamento. É claro que, antes de qualquer coisa, você quis ser iludido.

Eu escutava com certa reserva aquelas palavras pouco lisonjeiras de Íside, embora já não a achasse arrogante. Ela prosseguia:

— Foi você o responsável por esse engano. Chega a ser óbvia a forma como adaptou o pensamento lógico aos seus interesses emocionais. Ao utilizar apenas a lógica e desprezar a intuição, você distorceu os acontecimentos, identificando essas tragédias com a sua tragédia pessoal: a perda do sítio.

Íside me fitava intensamente, enquanto esclarecia:

— Sua intuição dizia que era equivocada a ideia de uma natureza clamando por vingança. E o que você faz? Busca uma teoria não que invalide, mas que amenize esse paradoxo. Enquanto isso, sua "lógica" continuava a contabilizar eventos funestos, calcular probabilidades, buscar correspondências.

— Mas as correspondências existiram! — insisti. — As mortes e os sequestros aconteceram em menos de sete meses! Tantas tragédias em tão pouco tempo! Não é coincidência demais? E quem sabe o que ainda virá?

Erguendo a palma da mão direita, Íside fez sinal para que me calasse.

— O que ainda virá ninguém sabe. Mas as correspondências foi você quem articulou. Esses eventos, tragédias se você fizer questão de chamá-los assim, aconteceram por outros motivos. A venda do sítio não teve nada a ver com eles, a natureza não os causou ou acelerou, como um tipo de revolta. Isso foi ilusão sua! E dizer que foram coincidências? Coincidências por quê?

Num gesto de contrariedade, Íside balançava a cabeça.

— Quantas coisas você distorceu para justificar sua "revolta da natureza"! Coincidências? Desde quando mortes violentas se espalham homogeneamente e com precisão matemática ao longo do tempo e do espaço? Nunca foi assim. Você se equivocou ao identificar essas tragédias vizinhas com sua tragédia pessoal. Isso nasceu de sua incapacidade de aceitar a perda e de seu sentimento de posse. Enquanto não superar esses obstáculos, você estará emocional e espiritualmente parado no tempo.

Lançando-me um olhar enigmático, ela indagou:

— Ou você ainda não sabe que o desejo da posse e do poder é incompatível com a evolução espiritual? Que enquanto não deixamos para trás tais apegos, estamos desperdiçando nosso tempo e nossas vidas? No fundo você sabe que essa situação o paralisa. Sua intuição sabe disso e já o manifestou por meio de um sonho.

— Qual sonho?

— Aquele em que você se transformava em uma estátua de sal[3].

Protestei:

— Mas aquele sonho tinha um contexto completamente diferente. Não dizia respeito ao sítio. Era sobre o desaparecimento da minha sobrinha. Sonho que, por sinal, revelou-se premonitório.

Íside desaprovou minha teimosia:

— Você sabe que os sonhos podem ter múltiplos propósitos. Nada impede que, durante um sonho premonitório sobre sua irmã, você receba uma mensagem acerca de sua própria situação. Foi o que aconteceu. Lembra-se de quando teve esse sonho?

— No início de agosto.

— E quando o sítio foi vendido?

— Alguns dias antes, no final de julho.

— Essa proximidade não lhe diz nada?

— Mas...

Calei-me, pensativo. Íside perguntou:

— O que, em primeiro lugar, veio à sua mente quando você refletiu acerca de sua condição como estátua de sal?

— Pensei no Gênesis, na história bíblica em que a esposa de Ló se transforma em uma coluna de sal.

— E por que acontece essa transmutação?

— Porque ela não obedeceu à ordem de seguir adiante sem olhar para trás. Ela olhou para trás.

— Está vendo? Foi o que aconteceu com você. Embora soubesse, no sonho, de sua situação, através do pensamento lógico você se colocou no papel de vítima injustiçada, que seria vingada pela natureza e procurou utilizá-la como cúmplice. Mas,

---

3 Sobre esse sonho falarei no próximo capítulo.

no fundo, você sabia que era assim que permaneceria: parado no tempo, como uma estátua de sal, porque olhava para trás e se recusava a seguir adiante.

Pousando a mão direita sobre meu ombro, ela explicou:

— Você foi enganado dentro dos labirintos do próprio pensamento lógico. Por isso ficou parado no tempo. É o que acontece aos que dão ouvidos à lógica sem consultar também o coração. Estão aprisionados. Afinal, que contrassenso maior pode haver em você saber que algo é verdade, se não sente que é verdade?

Não pude deixar de reconhecer que ela havia me persuadido, mas não estava de todo satisfeito.

— Mas e as visões? E as visões em minha última ida ao sítio?

— Esta é a única correspondência que houve de verdade. Você realmente teve visões de futuros possíveis, futuros que se configuravam, como disse, mas ainda sujeitos a mudanças em consequência do livre-arbítrio das pessoas envolvidas. A Natureza, contudo, não os criou nem os acelerou como modo de rebelião. Essas visões eram, como você suspeitou, futuros em potencial e boa parte se concretizou. Também aí você pode ver como manipulou os dados. A perda de sua sobrinha aconteceu dias após a venda. No entanto, em nenhum momento você a inclui em suas contas. Era como se as coisas desagradáveis que o ato da venda estaria acelerando, como sugeriu, pudessem acontecer somente com os outros, jamais com vocês. Afinal, vocês eram as vítimas!

Não respondi. Íside se aproximou, dizendo:

— Você precisa refletir, assimilar tudo que conversamos. Por hoje, deixo-o aqui.

Quando me virei, já não vi nada além de uma névoa que se confundia com as névoas de meus próprios pensamentos.

• • • • •

Vi a verdade em vários pontos do discurso de Íside, mas em outros permanecia certa dúvida. Intuí que começava a ver mais claramente o mistério e que talvez eu já fosse capaz de explicá-lo sem incluir circunstâncias sobrenaturais. Seria certo tudo o que ela dissera? Íside podia ser sábia, mas não era Deus.

Mas — pensei no mesmo instante — e se fosse?

E se Íside fosse uma máscara de Deus, uma faceta Dele?

E se eu houvesse encontrado um canal de comunicação direta com Ele?

•••••

Ao despertar desse sonho, minhas ideias estavam extraordinariamente nítidas.

Via com clareza que a venda do sítio me causara tamanha alteração de ânimo que eu, subconscientemente, esperara alteração correspondente no mundo exterior. Que as coisas continuassem nos eixos e que o mundo seguisse girando, com tranquila indiferença, isso sim é que me surpreenderia como absurdo.

Portanto, combinando casos infelizes com outros inexplicáveis, criei meu próprio apocalipse, minhas próprias pragas bíblicas: a revolta da natureza.

E então percebia como o estado de ânimo pode nos induzir certas associações, como a agitação de meu espírito naquela tarde de julho pôde facilmente criar a ilusão de agitação dos elementos: terra tremendo, raízes se retorcendo, água borbulhando...

Presa desse estado alterado de consciência, tive premonições de eventos que se concretizariam nos meses seguintes, em especial os mais carregados de energia emocional. Nenhum deles, no entanto, ocorrera em consequência da venda. Somente agora via o absurdo de tal hipótese.

A revolta da natureza jamais se passara em lugar algum, a não ser em minha ilusão.

A ESTÁTUA DE SAL

Jamais pense que as delongas de Deus são suas negações.
(Conde de Buffon)

Um sonho é uma resposta a uma pergunta que ainda não aprendemos a formular.
(Albert Einstein)

Naquele primeiro encontro, Íside mencionara o sonho em que eu me transformara em estátua de sal e no qual também aparecia, sob estranhas circunstâncias, uma criança que seria minha sobrinha.

Passarei, agora, a relatá-lo ao leitor, por causa da importância e do simbolismo que tem esse sonho em relação ao tema da evolução espiritual. Falarei também do contexto — o que acontecia na "vida real" quando tive o sonho da menina que desaparecia na praia e da estátua de sal?

•••••

Em março de 2007, minha irmã Lorena soube que estava grávida.

Ela morava em Lindoia, e me deu a notícia por telefone no mesmo dia em que fez o teste. Ela já tinha mais de um mês de gestação.

Durante os dois meses seguintes passei a ter sonhos com uma criança, uma menina que em alguns sonhos era um bebê recém-nascido e em outros tinha dois ou três anos de idade. Mas era sempre a mesma, não havia dúvidas.

A menina era precoce e inteligente para sua idade; tinha o raciocínio e a conversa de um adulto. Sempre se mostrava muito vivaz e ativa, o que de certo modo se confirmou em um dos primeiros ultrassons, quando o técnico que operava o aparelho disse nunca ter visto, entre milhares de fetos, um que se movimentasse tanto.

Lorena ficou entusiasmada com o comentário, considerando-o um sinal de vitalidade do bebê. Depois me contava, exultante:

— Não para quieto um segundo, é o tempo todo se mexendo. Vai me dar trabalho!

Eu tinha minhas dúvidas. Seria mesmo bom sinal? O técnico nunca havia visto um que se movesse tanto? Por quê? Por que tão inquieto? Não seria sinal de que algo o incomodava, impedia seu bem-estar?

Mais tarde rejeitei a preocupação como um exagero. Afinal, minha irmã estava em boas mãos. Era atendida em um conceituado centro médico para gestantes e fazia exames quinzenais na Unicamp, a uma hora de Lindoia.

Além disso, eu continuava sonhando com a menina e ela parecia sempre muito saudável.

Uma razão que talvez justificasse minha preocupação era que a gravidez era de risco. Minha irmã parecia ter uma condição chamada insuficiência istmo-cervical. As fibras do colo uterino apresentavam uma fraqueza. Quando o feto atingisse determinado peso, entre o quarto e o quinto mês, o útero poderia ser incapaz de sustentá-lo. Lorena já havia sofrido dois abortos espontâneos.

Para que dessa vez tudo corresse bem, certos cuidados deveriam ser observados, entre eles repouso absoluto. Além disso, logo após o quarto mês seria necessário um procedimento cirúrgico denominado cerclagem, uma sutura no colo uterino para evitar que se dilatasse prematuramente.

Para minha irmã, era tedioso passar os dias deitada. Eu a visitava constantemente e contava os sonhos que tinha com a menina. Ela ouvia maravilhada, cada vez mais confiante de que tudo daria certo.

Esses sonhos eram quase diários. No entanto, entre o terceiro e o quarto mês, eles misteriosamente pararam, após um último bem diferente dos anteriores.

Estávamos somente a menina e eu, caminhando ao longo de uma praia. A criança já parecia ter três ou quatro anos. Diferentemente dos outros sonhos, estava muito quieta. Caminhamos por um longo trecho da praia em silêncio. Quando ela finalmente disse algo, foi para me indicar que estava cansada de andar.

— Quero parar aqui — resmungou.

Concordei. Como ela carregava um baldinho e uma pá de brinquedo, sugeri que fizesse um castelo de areia enquanto descansávamos.

Sentamo-nos à beira do mar e ela começou a fazer o castelo. Movia-se com estranha lentidão, o que contrastava com a vivacidade que demonstrara nos sonhos anteriores.

Logo percebi que o que ela fazia não parecia um castelo. Apenas juntava um monte de areia sem formato definido.

— O que você está fazendo? — perguntei, sem compreender seu objetivo.

— Não está pronto — respondeu.

— Isso já percebi. Mas vai ser o quê?

— Ainda não está pronto! — repetiu ela. Sua voz, além de cansaço, revelava irritação e tristeza.

Intrigava-me o fato de que, uma vez sentada, ela jamais levantasse a cabeça para falar comigo. Eu não sabia se estava concentrada demais em sua atividade ou se não queria olhar para mim. Mantinha a cabeça muito baixa, de modo que os cabelos, caindo para frente, tapavam todo o rosto. Pensei que talvez estivesse chorando e indaguei:

— Por que está tão quieta?

Ela nada respondeu.

— Que foi? Não quer falar com seu tio? — insisti. — Olhe, se der um sorriso, compro um sorvete pra você.

Então ela começou, em sua peculiar lentidão, a levantar a cabeça. Tive o súbito augúrio de que estava por acontecer algo pavoroso, mas era incapaz de precisar o que me inspirava tal sensação.

A menina estava a ponto de me encarar e eu, não querendo crer no mau pressentimento, esperava ver em seu rosto um belo sorriso. Vi, em vez disso, uma face sem feições!

Não havia olhos, boca, nariz... Nada. No lugar do rosto, uma superfície arredondada, bulbosa, revestida normalmente de pele, mas sem nenhum traço, como se todo o rosto fosse uma protuberante testa. Apesar disso, eu ouvia, vindas não sei de onde, suas risadas. Parecia estar se divertindo com meu terror.

Ela se levantou e apontou para o buraco que cavara. Olhei dentro dele e vi que era muito fundo. Não parecia ter fim. No momento em que fiz tal constatação, a menina pulou ali dentro. Apesar de rapidamente esticar meu braço tentando segurá-la, ela sumiu nas profundezas daquela cova.

Avistei ao longe dois salva-vidas e corri a chamá-los para que me ajudassem a resgatá-la. Alarmados, eles me acompanharam, também correndo, de volta ao local do ocorrido, enquanto eu os liderava aos brados:

— Ali! Ali desapareceu minha sobrinha! Ao lado do balde e da pá.

Quando chegamos ao lugar exato, tive outra surpresa. Não havia mais nenhum buraco, nem mesmo sinal de que a areia fora remexida. Os salva-vidas olharam para mim, julgando-me louco, e voltaram para seus postos.

Confuso, sentei-me na areia. Peguei a pá de brinquedo e comecei a cavar à procura da elusiva cova.

Muitos anos se passaram. Eu permanecia ali a cavar, na esperança de encontrar o local por onde a menina desaparecera. A praia, de início quase deserta, foi com o tempo se urbanizando e enchendo de gente. As pessoas passaram a me conhecer como *o louco da praia*.

Meus cabelos e barba estavam compridos e brancos, impregnados de areia e sal do mar. Percebia, pelos olhares dos passantes, que eles se compadeciam de meu destino, mas nenhum parava para me ajudar, nem mesmo para conversar comigo.

Passaram-se séculos. Apesar de envelhecer, eu não morria jamais. Com o tempo, o sal marinho se entranhou em meus tecidos. Um dia descobri que me transformara em uma estátua de sal, com a pá em uma mão e o balde na outra. Crianças brincavam ao meu redor. Turistas tiravam fotos ao meu lado.

Apesar de haver cavado por séculos, jamais consegui encontrar a menina.

E assim, com minha transformação em estátua de sal, terminou o sonho.

Refleti muito sobre seu significado. Tudo nele me intrigava, do rosto sem traços ao buraco que desaparecia, de minha obstinação ao longo dos séculos à transformação em estátua de sal.

Lembrei-me da história de Sodoma e Gomorra, no Gênesis, em que a esposa de Ló, ao olhar para trás, onde ficara Sodoma destruída, é transformada em uma coluna de sal.

Porém, apenas com o passar do tempo e o desenrolar de certos acontecimentos é que eu seria — como vimos no capítulo anterior — capaz de desvendar a mensagem que aquelas imagens continham. Ou pelo menos a parte da estátua de sal.

• • • • •

Volto à gravidez de minha irmã.

O sonho que contei foi o último que tive com a menina. Por quê? Aquilo me intrigava.

Lorena de vez em quando perguntava se eu havia sonhado com o bebê. Eu era vago e dizia que ultimamente não vinha me recordando de meus sonhos. Não queria preocupá-la, pois ela sempre dera muita importância a isso.

Mais ou menos para essa época estava marcada a cirurgia de cerclagem. Agora, toda vez que minha irmã ia à Unicamp, levava uma mala, pois a intervenção poderia ser feita a qualquer momento. Os médicos, no entanto, seguiam dizendo que ainda não era hora.

Certo dia, em uma visita a minha irmã, ela me contava como estava confiante de que daquela vez tudo daria certo. Lembro-me de que assistíamos aos jogos pan-americanos quando ela me perguntou:

— Você também está confiante, não está?

Mudei de assunto, fingindo não ter ouvido por estar concentrado nos jogos. Depois que os sonhos com a criança haviam parado, eu só estaria realmente confiante quando o bebê nascesse saudável e na hora certa.

Lorena completou o quarto mês de gestação. Os médicos não marcavam a cerclagem, embora o procedimento houvesse sido inicialmente previsto para o começo do quarto mês.

Minha irmã começava a se impacientar, embora uma médica tivesse sugerido que, por causa do repouso, o útero não sofrera a pressão das vezes anteriores e talvez a cirurgia nem fosse necessária.

Porém, aos quatro meses e meio, o médico que acompanhava a ultrassonografia percebeu algo errado. O feto não estava se desenvolvendo. Nas duas semanas anteriores ganhara apenas oito gramas em vez das 150 esperadas.

— O bebê está pequeno demais. O coração está fraco. Dificilmente sobreviverá mais dez dias — revelou o médico.

— O que eu faço, então? — perguntou minha irmã, entre lágrimas.

— Volte para casa e aguarde. Não há nada que possamos fazer — respondeu ele.

• • • • •

Quinze dias se passaram e nenhum sinal de aborto. Minha irmã voltou à Unicamp para a visita quinzenal.

No ultrassom, foi constatado: o feto estava morto.

Lorena foi internada naquela manhã. Às seis da tarde recebeu uma injeção para induzir contrações.

— Não temos como prever em quanto tempo se dará a expulsão — explicou a médica. — Pode ser uma hora, pode ser um dia.

A médica fez bem em não dar estimativas. Lorena passou mais de três dias sofrendo a dor das contrações. Pior que a dor física era saber que padecia não para ganhar um filho, mas para perdê-lo. Após mais de quarenta horas desde o início das contrações, o feto foi expelido. Era uma menina. Estava morta havia vários dias.

Minha irmã permaneceu ainda dois dias no hospital, recebendo antibióticos, anti-inflamatórios e analgésicos por via intravenosa.

Na manhã seguinte ao aborto, durante o horário de visitas, uma senhora, voluntária de uma igreja católica, aproximou-se de Lorena querendo dizer algumas palavras de conforto. Naquele momento, porém, ainda não parecia haver conforto possível. Considerando que aquele era o terceiro e mais sofrido aborto de minha irmã, justo ela, que desejava tão ardentemente um filho, e certamente lhe daria tanto amor, talvez a senhora devesse desconfiar de que "Deus sabe o que faz" não era a frase mais apropriada para a ocasião.

A religiosa então perguntou a Lorena se poderia incluir seu nome na missa da tarde.

— Prefiro que não — respondeu ela. — Não seria justo e nem sincero. Neste momento nem sei se acredito em Deus.

Minha mãe, que estava ao lado, não quis interferir.

A mulher não insistiu.

Assim que ela saiu, no entanto, Lorena começou a chorar, coisa que ainda não tinha feito desde que chegara ao hospital. Após cerca de vinte minutos se acalmou. Subitamente serena, pediu a minha mãe que a acompanhasse ao berçário. Queria ver os bebês das mulheres que haviam sido suas companheiras na sala de pré-parto.

Apesar de não estar segura de que fosse uma boa ideia, minha mãe apenas perguntou se ela se sentia forte o suficiente para ir andando até o berçário. Lorena respondeu afirmativamente, levantando-se da cama.

Ao entrar no berçário, uma notável mudança se produziu em minha irmã. Ao ver aquelas mulheres com seus recém-nascidos, seu rosto se iluminou com um sorriso. Seu semblante se limpou de qualquer traço de tristeza ou da amarga descrença com que falara à voluntária momentos atrás. Via-se apenas o amor maternal com que ela olhava aqueles bebês que ela provavelmente jamais veria outra vez, todos nascidos de mulheres que mal conhecera. Após perder a própria filha, Lorena se iluminava de amor por filhos alheios.

Fiquei tocado com essa atitude de minha irmã.

Foi uma das manifestações de amor incondicional mais puras que já presenciei.

•••••

Embora o início de um processo de aceitação já se notasse em minha irmã, muitas dúvidas perdurariam.

A demora de mais de quarenta horas em contrações derrubara o diagnóstico de uma insuficiência do útero. Se o órgão fosse mesmo fraco a ponto de não suportar uma gestação, como se explicava que, com um feto tão pequeno, já morto, e medicamentos para induzir contrações, ainda assim a expulsão tivesse levado mais de três dias?

Falava-se agora em uma suposta doença autoimune que teria danificado a placenta, mas, para que tivéssemos certeza, seriam necessários exames que levariam pelo menos um mês para ficarem prontos.

Lorena voltou para casa e começou a retomar sua rotina. Claro que continuava muito abalada. Por certo tempo evitou sair de casa para não se encontrar com conhecidos que certamente tocariam no assunto.

Comigo, no entanto, conversava sobre o que acontecera. Uma vez perguntou sobre a menina dos sonhos.

— Nos últimos tempos você não estava sonhando com ela, não é? Acho que os sonhos pararam quando ela começou a morrer.

Pensei na menina. Recordei a frase que ela dissera duas vezes no último sonho: "Ainda não está pronto". Então respondi à minha irmã com toda a sinceridade:

— Talvez ela tenha aparecido cedo demais nos meus sonhos. Mas essa menina existe.

Eu não a estava iludindo. A sensação clara era de que a menina existiria em algum ponto do futuro de minha irmã.

No entanto, era claro também o conteúdo premonitório do sonho. Por que ela aparecia vivaz nos primeiros sonhos e fraca, sem energia e sem rosto no último? Qual o significado do buraco sem fundo em que desaparecia?

Talvez a menina seja adotiva. Ou quem sabe os médicos finalmente identifiquem a causa dos abortos. Talvez a menina dos sonhos não esteja pronta, como pareceu indicar. No momento em que escrevo estas linhas, porém, minha irmã continua fazendo exames, mas nada se descobre.

Sempre procurei exaltar a humildade e agora, ao me defrontar com tal ausência de respostas, via mais uma vez como ela é adequada à nossa condição humana. Mesmo assim, eu me impacientava com tantas dúvidas, para enfim perceber a suma importância dessa outra qualidade, indispensável não apenas à nossa evolução como seres espirituais, mas também à nossa sanidade como seres humanos: a paciência.

As verdades não vêm sempre no momento em que queremos e nem da forma que esperamos. Sem humildade e paciência, não sobrevivemos a *essa* verdade.

• • • • •

Íside, no entanto, havia dado grande ênfase à parte do sonho em que eu me transformava em estátua de sal e me tornava o que ela chamava de "alma parada".

Como ela dissera, almas paradas eram sua especialidade. Sobre isso ela ainda conversaria comigo.

MAIS SOBRE ALMAS PARADAS

Grandes homens são aqueles que percebem que o espiritual é mais forte que o material.
(Ralph Waldo Emerson)

Sem qualquer sacrifício, não pode haver progresso espiritual.
(Mahatma Gandhi)

Dê à luz o que está dentro de ti, e o que está dentro de ti te salvará. Não dê à luz o que está dentro de ti, e o que está dentro de ti te destruirá.
(Jesus — Evangelhos gnósticos)

Por cerca de um mês não tive contato com Íside, apesar da certeza de que ela voltaria.

Sentia que ela estava dando uma pausa para que eu me convencesse completamente, e por mim mesmo, de que a "revolta" fora uma projeção, uma ponte psicológica que eu construí entre minha tristeza e inconformismo com a venda das terras e as fatalidades que ia testemunhando.

Quando se assegurou de que eu realmente me convencera, Íside voltou a frequentar meus sonhos, retomando o assunto que julgava vital para meu crescimento.

No encontro que relato a seguir, Íside apareceu como da primeira vez, e como seria usual em nossos encontros posteriores. Surgia sem alarde, repentinamente, e ia direto ao assunto sem cumprimentos ou introduções, como se não tivesse um segundo a perder com qualquer coisa que não fosse absolutamente essencial.

Do mesmo modo, ao terminar o que tinha para dizer, desaparecia de imediato, como uma luz que se apaga ao toque no interruptor.

• • • • •

— Já mencionei as almas paradas — começou Íside, ao surgir em meu sonho. — Meu trabalho é ajudá-las a se livrarem de suas resistências a progredir e estimulá-las a seguir adiante.

Eu ouvia atentamente.

— Facilita minha tarefa quando o espírito, encarnado ou não, acaba reconhecendo sua oposição a evoluir e colabora logo. Em geral, é mais fácil quando a resistência não é antiga, como no seu caso.

— Mesmo assim — continuou Íside, ainda se referindo a mim — foram mais de três anos de algo que se aproximava de uma obsessão. Em primeiro lugar, sua preocupação em não vender as terras e suas tentativas nesse sentido. Depois, a fixação com uma revolta da natureza que só ocorreu em suas fantasias. Mais de três anos de energias canalizadas para um único repositório. Até a perda do bebê de sua irmã, traumática para toda sua família, ficou para você em segundo plano em relação à sua ideia fixa. A principal consequência foi que você, durante esse tempo, desconectou-se dos aspectos mais ricos de seu mundo espiritual.

Assenti com a cabeça, reconhecendo a fixação que me dominara por tanto tempo.

— Com sua avó, o trabalho foi maior — retomou Íside. — As origens da resistência estavam na juventude e ela nunca a superou no plano terreno. Sua "aversão ao humano" se originou de uma grande dor amorosa.

— Dor amorosa? — espantei-me. — Nunca soube de nada.

— Não me admira. Ela nunca tocou no assunto com ninguém.

Íside passou então a narrar a história tão secreta que, segundo ela, havia sido responsável pela "resistência à evolução" de minha avó, bem como pela dureza de seu caráter.

— Com pouco mais de vinte anos, sua avó teve um grande amor. Chamava-se Ivan. Um rapaz tímido e reservado, mas ciumento. Sua avó era muito diferente! Alegre e sociável, adorava ir a festas e bailes para dançar. Ivan, no entanto, não apenas se recusava a dançar com ela por timidez, como a proibia de dançar com qualquer outro rapaz, mesmo que fosse parente. Sua avó tinha vários primos de sua idade, mas nem a eles Ivan dava seu consentimento. Para ela era uma tortura ficar sentada ao lado de Ivan, que se mantinha calado e carrancudo durante os bailes, enquanto seus amigos dançavam e se divertiam. Ela o amava, mas queria também se entreter como uma jovem de sua idade. Deu a Ivan um ultimato: ou aprenderia a dançar, ou deixaria que ela dançasse com os primos, ou então eles romperiam. Na verdade, ela o estava apenas testando. Amava-o demais. Dançando ou não, continuaria com ele. Queria apenas vê-lo derrotando sua timidez e seus ciúmes em nome de seu amor.

"Sua avó aproveitou uma viagem de quinze dias que Ivan faria à França, dizendo que ele teria essas duas semanas para refletir. No dia da viagem, ela nem o acompanhou à estação de trem. Queria que ele achasse que a questão era muito séria. Contrariado, Ivan partiu.

Passaram-se os quinze dias. Embora já devesse ter retornado, Ivan não procurou sua avó. Orgulhosa, ela esperou ainda cinco dias antes de ir procurá-lo em sua casa. Ali encontrou a mãe de Ivan. A senhora parecia muito preocupada. Ivan não retornara nem mandava notícias havia quase dez dias. Seu filho jamais deixava de manter contato, e ela dizia estar com um terrível pressentimento.

Abalada, sua avó voltou para casa, onde passou o resto do dia na cama, chorando e lamentando ter sido tão dura com ele. Onde estaria Ivan? Teria prolongado a viagem para ter mais tempo para pensar? Se fosse esse o caso, por que não mandara notícias à mãe?

No dia seguinte, pela manhã, um irmão de Ivan apareceu na casa de sua avó. O rapaz, pálido e abatido, não fez rodeios ao dar a notícia: Ivan voltara à Croácia na data correta, mas antes de descer do trem fora preso pela polícia secreta fascista. Haviam descoberto seu envolvimento com comunistas franceses, fato que ele guardava em segredo tanto de sua avó quanto da própria família. Era o início da Segunda Guerra. Os comunistas eram vistos como uma terrível ameaça, especialmente por um governo fascista. A polícia secreta o levou preso e o executou horas depois.

Sua avó sofreu um grande choque. Jamais conseguiria tolerar a culpa de saber que Ivan morrera achando que ela seria capaz de deixá-lo por motivo tão frívolo. Incapaz de conviver com seus sentimentos, ela simplesmente se alienou deles, vivendo em negação a respeito de quase tudo que tivesse a ver com sentimentos. Quando conheceu seu avô, anos mais tarde, era já a mulher dura, prática e autoritária que você conheceu."

— Mas no fundo sempre foi boa — afirmei.

— Jamais insinuei que fosse má — concordou Íside. — Tampouco disse que não tinha sentimentos, mas sim que passou a vida negando-os, evitando ter contato com eles e por meio deles evoluir. Tudo para não confrontar a culpa e a dor originárias da morte de Ivan. Mas é inútil fugir. Aquele que foge de sentimentos dolorosos não os supera. Sufocados, eles acabam, cedo ou tarde, manifestando-se de forma destrutiva, ou mesmo *autodestrutiva* na maioria das vezes.

Pensei se a tal manifestação autodestrutiva de sentimentos reprimidos não teria sido a causa do derrame de minha avó, ou dos hábitos pouco saudáveis que podem tê-lo causado, como a ingestão excessiva de álcool e de alimentos muito temperados e gordurosos mesmo sabendo do mal que isso podia lhe causar — ainda mais sendo hipertensa e diabética, condições que escondeu da família até a ocasião do derrame.

— Sua avó se fechou emocional e espiritualmente aos vinte anos de idade e assim permaneceu pelo resto da vida — concluiu Íside. — Essa foi sua resistência. Nisso tivemos que trabalhar.

— Deve ter sido uma de suas tarefas mais difíceis — ponderei, considerando a longa duração da dormência espiritual de minha avó. — Afinal, sessenta anos não são sessenta dias!

Íside riu de minha ingenuidade.

— Você pensa que sessenta anos é muito tempo? É um piscar de olhos! Há oposições que duram séculos e mesmo milênios. E depois, sua avó tinha certa consciência de que negava os sentimentos. Após desencarnar, bastaram algumas conversas, alguns encontros, e ela logo quis cooperar, aprender, evoluir... Há casos de bloqueios muito mais poderosos, de espíritos que sofreram violências e traumas assombrosos. Alguns fazem de tudo para tentar fugir dos ciclos inexoráveis da evolução. Veja Cármina, por exemplo...

— Cármina? — interrompi, ao escutar aquele nome desconhecido.

— Um dos espíritos que até recentemente esteve sob meus cuidados... Resistiu por um tempo extraordinariamente longo à ideia do retorno. Mas o que importa é que ela não precisa mais de mim. Resolveu enfim retornar. Reencarnou há pouco.

Percebendo interesse em meu olhar, Íside resolveu explicar:

— Cármina foi colocada sob minha orientação há muito tempo. Chegou a meus cuidados como um espírito atormentado, que se recusava a qualquer progresso. A ideia de reencarnar a enchia de pavor. Seu último episódio de vida terrena acontecera há mais de setecentos anos.

— Tanto tempo? Isso é permitido? — perguntei, intrigado.

— Há um limite. Mas antes disso muito tempo é permitido. O livre-arbítrio deve ser soberano. Mas é verdade, Cármina era um caso particularmente avesso à ideia do retorno. Por esse motivo, coube a mim ajudá-la.

— E por que tamanha resistência?

— Cármina, como disse, sofreu um trauma muito grande em sua última encarnação e se fechou veementemente à ideia de reencarnar. É uma longa história. Mas vejo que está curioso, e o relato lhe pode ser bastante instrutivo.

E aqui Íside começou a contar a história de Cármina, que muito me comoveu.

Para não aborrecer o leitor com minhas frequentes perguntas e interrupções, limito-me ao relato e às palavras de Íside.

A HISTÓRIA DE CÁRMINA

A grande fonte de conhecimento é a experiência.

(Albert Einstein)

É pelas feridas que Deus penetra.

(Carl Gustav Jung)

Cármina nasceu na Espanha, na época que ficaria conhecida como "A reconquista". Os cristãos estavam retomando grandes porções da península ibérica que, séculos antes, haviam caído em poder dos muçulmanos — ou mouros, como eram chamados pelos cristãos ibéricos, denominação que ainda hoje se usa na Espanha para pessoas de ascendência árabe.

O processo total de reconquista duraria vários séculos, terminando apenas com a tomada de Granada pelos reis católicos, no final do século 15. Porém, dois séculos antes, foi nessa cidade, então um califado, que Cármina viveu o breve período que durou sua última encarnação.

A reconquista ganhava força no século 13. Os mouros sofriam derrotas por toda a Espanha e, depois de perderem seus territórios, eram perseguidos. Os que não eram executados viam-se forçados a se converterem ao cristianismo. Mesquitas e palácios eram saqueados e destruídos, bibliotecas com milhares de manuscritos eram incendiadas. Lutas e disputas internas entre os próprios reinos muçulmanos os enfraqueciam ainda mais, facilitando o avanço cristão.

Em Granada, os cristãos, muçulmanos e judeus ainda viviam em relativa harmonia, mas era cada vez maior a preocupação do califa com o avanço cristão ao norte. Apesar da aparente tolerância, havia uma desconfiança cada vez maior em relação aos cristãos que viviam em áreas muçulmanas. Havia no coração do califa o crescente temor ao golpe e à conspiração.

Nessa época, nesse local e nessas circunstâncias foi marcado o casamento de Cármina e Cristóbal, filhos de duas das mais ricas famílias cristãs de Granada: os Rubines e os Fábregas.

Cármina tinha dezessete anos e Cristóbal, dezenove.

O pai de Cristóbal, Dom Alonso Fábregas, era um dos grandes comerciantes de Granada. Tinha fama de ser astuto nos negócios e implacável nas cobranças. Era muito respeitado, mas, acima de tudo, muito invejado. Alguns comerciantes rivais, aproveitando-se da inquietação do dirigente muçulmano, foram intrigar o califa, fazendo com que este acreditasse que um golpe para tornar Granada um reino cristão independente vinha sendo planejado por um grupo de proeminentes granadinos, tendo esse bando de revoltosos a liderança de Dom Alonso e a participação de seu filho, Cristóbal.

O grão-vizir, que além de ministro e conselheiro do califado era um famoso astrólogo, alarmou ainda mais o califa ao dizer que via na configuração dos astros um grande e iminente perigo ao soberano de Granada.

O califa se viu em um dilema. Se por um lado não podia se expor a uma tentativa de golpe, demonstrando fraqueza, por outro não queria confrontar tão abertamente os cristãos ao tomar medidas drásticas contra alguém como Dom Alonso, com tanta fortuna e prestígio.

Enquanto isso, as famílias de Cármina e Cristóbal aceleravam os preparativos para o casamento. Cármina exultava de felicidade. A união havia sido acertada entre seu pai e Dom Alonso quando Cármina tinha apenas dez anos, mas ela sabia que seu próprio coração não poderia ter feito melhor escolha. Amara Cristóbal à primeira vista e, apesar do respeito e discrição com que o rapaz sempre se dirigira a ela, sabia que seu amor era correspondido ardentemente.

O dia da cerimônia se aproximava e Cármina se perdia por horas a fio em devaneios sobre como seria sua vida de casada. Desejava filhos, muitos filhos, E fantasiava como eles seriam. Teriam os cabelos louros como os dela ou negros como os de Cristóbal? Lembrava-se que Cristóbal, apesar de moreno, tinha uma tia ruiva. Seria tão interessante ter um filho ruivo, tão diferente! Mas os olhinhos de toda a prole certamente seriam claros, pois se os dela eram verdes, Cristóbal tinha-os azuis.

E assim, num enleio sonhador, quase nas nuvens, Cármina esperava pelo dia de seu casamento. O califa, entretanto, pesava os prós e os contras da decisão que acabara de tomar. O casamento seria à noite, na Catedral de Granada. Os noivos, porém, jamais chegariam lá.

Ao final da tarde, quando ambas as famílias já se encontravam com as carruagens prontas para o trajeto até a catedral, receberam a inesperada visita da guarda do califa com ordens de prender todos.

Na verdade, foi por excesso de zelo do califa que a família de Cármina também foi detida, pois nenhum dos Rubines fora implicado pelos delatores. Mas, como os pais dos noivos eram amigos e tinham planos de formar uma só família, o califa achou por bem prendê-los também. Depois, com um rigoroso interrogatório, veria até onde ia o envolvimento dos Rubines.

O califa queria agir de modo firme, porém discreto. Não queria alarde sobre o destino dos conspiradores. Assim, enquanto uma multidão de convidados se dirigia à catedral para a cerimônia, os noivos e suas famílias eram levados secretamente, em carruagens fechadas, à galeria subterrânea de um dos palácios do califa.

O soberano também mandara seus homens espalharem por toda a cidade o boato de que o casamento fora uma farsa, parte do golpe, um oportuno pretexto para que o bando de conspiradores se reunisse sem despertar suspeitas e, em seguida, consumasse com tranquilidade e frieza o atentado contra a vida do desprevenido califa.

No calabouço do palácio, enquanto Dom Alonso e Cristóbal eram preparados para a execução, Dom Cayetano, pai de Cármina, era interrogado. As mulheres, presas em uma cela, choravam muito e pediam clemência ao califa, embora não soubessem o porquê daquela ação contra os homens de suas famílias.

Além de Dom Cayetano, era interrogado Francisco, rapazinho de treze anos e irmão mais novo de Cristóbal.

O califa assistiu impassível aos interrogatórios. De vez em quando, o grão-vizir se aproximava e lhe sussurrava algo ao ouvido. Somente ao cabo de duas horas o soberano desfez seu silêncio. Convencido da inocência de Dom Cayetano e de Francisco, disse que usaria de sua magnanimidade poupando suas vidas.

— Todos vós estais cientes da benevolência pela qual sou conhecido, e parece-me um pouco severo tirar a vida desses dois homens, que conseguiram me convencer de sua ignorância. Porém, quanto aos outros dois, não posso ter o gosto de usar da mesma liberalidade.

O califa então anunciou que, embora Cristóbal e seu pai continuassem negando com veemência qualquer participação em golpe ou conspiração, provas irrefutáveis haviam sido apresentadas a ele e, diante de tais evidências, não se poderia decidir por outra pena senão a morte.

Em seguida, as mulheres foram liberadas e, como mais uma prova de seu caráter benévolo, o califa permitiu que elas se aproximassem dos condenados para que se despedissem.

— E ainda para vos mostrar que minha bondade é enorme e até excessiva para um líder sob ameaça, farei mais — declarou o califa, com ar solene. — Permitirei que assistais à execução e constateis, com vossos próprios olhos, que meus homens são os melhores e mais rápidos em seu ofício. Seus sabres são os mais afiados e, portanto, haverá punição, mas não sofrimento!

Enquanto o califa pronunciava tais palavras, vários guardas formavam uma barreira em volta dos atônitos parentes e os encaminhavam ao local da execução.

Cristóbal e seu pai foram colocados de joelhos, lado a lado. Uma corda foi amarrada à cabeça de cada um deles, pouco acima dos olhos. Alonso se submeteu estoicamente, enquanto Cristóbal afastou a cabeça para o lado e para trás, numa tentativa talvez inconsciente de escapar de seu destino. Ao virar o rosto, deu com o olhar de Cármina, cheio de desespero e dor, e não voltou a insinuar resistência contra os algozes para poupar a noiva de emoções ainda mais fortes.

Dois verdugos passaram a corda por entre as pernas de pai e filho, puxando para trás, fazendo com que a cabeça de cada um se dirigisse para baixo, com o queixo tocando o peito e deixando a nuca exposta. Outros dois, portando um longo sabre cada um, com os cabos incrustados de pedras preciosas, postaram-se ao lado dos condenados. Com grande sutileza encostaram suas lâminas nas nucas descobertas, pousando-as de leve e calculadamente no espaço entre duas vértebras cervicais, determinando o local do golpe.

Em seguida, ergueram novamente seus sabres, cujas lâminas rebrilhavam apesar da pouca iluminação, e pararam absolutamente imóveis. O califa se aproximou e levantou sua mão direita, a qual também deixou imóvel por alguns segundos. Logo a baixou em um gesto rápido, sinal ao qual os algozes, com força e destreza, desferiram seus golpes. Um único talho veloz e preciso em cada nuca foi suficiente para consumar a execução.

Ante o grito uníssono e horrorizado dos parentes, as duas cabeças rolaram três ou quatro vezes, a de Alonso se afastando do grupo e a de Cristóbal, em sentido contrário, aproximando-se, e como que por vontade própria, parando a poucos metros dos pés de Cármina. Os olhos do executado, arregalados e muito azuis, pareceram fitar os da noiva, e ainda piscaram duas vezes antes de tomarem o brilho baço da morte. Os gritos dos parentes redobraram em força e horror. Neste momento, Cármina desmaiou, sendo amparada pelos braços da mãe.

Pouco tempo durou o colapso da moça. Em alguns segundos ela recuperou os sentidos e, após lançar mais um olhar à face inerte de Cristóbal, disse à mãe, com súbita tranquilidade:

— Minha mãe, sem Cristóbal não saio desta masmorra.

— O que você está dizendo? — indagou a aturdida senhora.

Cármina não respondeu. Por alguns instantes ficou imóvel. Os músculos todos tensos, como se recrutasse forças, e os olhos focados adiante, concentrados em um plano, um cálculo. Em um átimo, Cármina se lançou para frente, contra a barreira formada pelos guardas ao redor do grupo. Seu ímpeto foi tanto, que ela facilmente rompeu o cordão formado pelos homens do califa, que não esperavam aquele ataque.

Fora de si, Cármina correu na direção do matador de Cristóbal. O verdugo, surpreendido pela impulsividade da moça, ergueu contra ela o sabre, mais por reflexo que por outra coisa, na tentativa de barrá-la. Mas Cármina tomou aquele gesto defensivo como uma ameaça, e gritou para o homem:

— Isso! Faça seu ofício, carrasco!

Com tais palavras, Cármina arremeteu contra o sabre do algoz. O homem permaneceu por alguns segundos paralisado de espanto e, em seguida, num gesto automático, puxou para trás o sabre, desenterrando-o do seio esquerdo de Cármina, por onde a lâmina penetrara, trespassando o coração.

Assim que o sabre foi retraído por completo, o corpo da moça languidesceu e, aos pés do perplexo carrasco, esparramou-se molemente sobre o solo, já sem vida.

Ao testemunhar tal cena, foi a vez da mãe de Cármina desfalecer. Dom Cayetano, emitindo um lamento longo e choroso que mais se assemelhava a um mugido, amparava a esposa desmaiada enquanto fitava com olhos desorbitados o cadáver da filha.

O califa se aproximou do corpo e balançou a cabeça num gesto de contrariedade, comentando:

— Não me agrada quando as coisas não se dão conforme eu determino.

Em seguida, fixando no verdugo um olhar terrível e elevando a voz, apontou para o cadáver de Cármina:

— Isto não estava em meus planos!

O carrasco lançou o sabre ao chão, aterrorizado demais para balbuciar qualquer resposta. Depois caiu de joelhos, baixando a cabeça e entrelaçando as mãos em desespero.

O califa então se dirigiu a Dom Cayetano, que continuava a se lamentar.

— Tens razão de te revoltares, cristão. Tua filha não estava destinada a morrer. Pelo menos não por minhas ordens.

Dom Cayetano, ainda chorando, encarou o califa.

— Contém o teu pranto, homem — prosseguiu o soberano, enquanto indicava com desdém o verdugo ajoelhado. — O assassino de tua filha pagará com a vida.

A essas palavras, o algoz começou a murmurar umas preces em língua moura. Dom Cayetano, por sua vez, emudeceu por um instante, atônito, a fitar o califa. Em seguida se transformou, avermelhou-se todo na face e se pôs a acusar o soberano, aos brados:

— Maldito! Sanguinário! O assassino de minha filha sois vós, ó califa! E sois vós quem, cedo ou tarde, haveis de pagar!

Aproximando-se mais ainda, levando a mão ao peito e ensaiando um sorriso de complacência, o califa falou em tom calmo e contido:

— Meu bom homem, entendo tua dor. Mas pelo bem da tua vida e dos parentes que ainda te restam, não deixes que essa tristeza se transforme em audácia. Não aprovo que falem a mim com essas palavras e nesse tom.

— Era minha única filha — murmurou, ainda, Dom Cayetano.

— Pois morreu — retorquiu secamente o califa. — Preocupa-te agora com aqueles que, por minha generosidade, estão vivos. Vejo que ainda tens esposa, não tens?

Dom Cayetano assentiu com a cabeça.

— E irmãos? Tens irmãos? Tens sobrinhos?

A todas essas perguntas do califa, Dom Cayetano balançou a cabeça afirmativamente, ao que o mouro declarou:

— Pois então não te esqueças que a vida deles depende da tua sensatez.

Depois, aos brados:

— E isso vale para todos vós! Se perguntarem, pela cidade, onde estão estes dois homens, podeis dizer que morreram!

E apontando para os corpos decapitados:

— Mas que morreram em um atentado à vida do califa, dentro de seu próprio palácio e defendido da morte certa pela lealdade de seus guardas!

Por alguns momentos o califa se calou, como se esperasse alguma resposta temerária. Todo o grupo, no entanto, manteve-se em absoluto silêncio, e ele continuou:

— Se alguma outra versão circular, hei de saber! Hei de saber e hei de agir conforme! Que ninguém duvide nem de minha bondade, nem de minha firmeza, pois se o governo do tirano é breve, mais breve ainda é o do fraco. Que ninguém duvide, sobretudo, que em caso de calúnias e boatos, meus guardas saberão onde encontrar cada um de vós. Isso também vale para as mulheres!

E após uma pausa:

— E para as crianças!

Depois, falando já mansamente, quase com doçura:

— Ainda para mostrar minha boa vontade, amanhã pela manhã mandarei, em esquife fechado, o corpo da moça. Dizei que não aguentou a comoção de ver seu noivo atentando contra a vida do califa e se lhe rebentou o coração de desgosto. Dizei o que quiserdes, enfim, mas atenção: não deixeis, sob nenhuma hipótese, que lhe descubram o ferimento. Quanto aos corpos dos conspiradores, esses não sairão do palácio.

Com um ar subitamente cansado, o califa disse ainda:

— Por minha magnanimidade, estais todos livres. Um guarda vos irá acompanhar a uma saída secreta. Uma vez lá fora, estou certo de que sabereis como vos comportar. Quanto ao que se passou aqui, não vos esqueçais de minhas palavras, e sabei que todos aqueles que não se envolvem em conspirações, intrigas e boatos estão seguros, sob minha proteção. Agora ide!

E todo o grupo, silente e de cabeça baixa, acompanhou o guarda até a saída oculta. Ninguém ousou olhar para trás, exceto a mãe de Cármina, que teria para sempre impressa em suas retinas aquela cena terrível: três cadáveres, sendo que dois estavam decapitados e o terceiro era o de sua filha. O verdugo, que acabara sendo mero instrumento da morte de Cármina, era agarrado pelos braços e pernas e arrastado, esperneando, por três guardas. Ao lado do corpo de Cármina, o sabre maldito, em cuja lâmina se mesclara o sangue de Cármina ao de Cristóbal.

A versão do califa foi a que prevaleceu, e os caluniadores, cuja intriga foi causa das execuções, logo usurparam o posto de Dom Alonso, passando a liderar o comércio em Granada. A opinião pública foi dura tanto com os Fábregas quanto com os Rubines, que passaram a ser vistos como conspiradores vis, sem o menor escrúpulo de enganar e pôr em risco a vida de todos aqueles que haviam sido convidados para o casamento.

O povo, ao mesmo tempo, louvava muito a generosidade do califa por não haver mandado, na dúvida, executar todos os convidados, uma vez que o soberano jamais poderia estar seguro da extensão da conspiração.

Assim, o califa passou à história como o líder que arriscou o poder e a própria vida para evitar tirar a de outros, possíveis conspiradores. Talvez essa opinião tão favorável, mesmo entre os cristãos, tenha contribuído para que o califado de Granada se mantivesse ainda por dois séculos, resistindo como o último bastião mouro na Espanha até sua tomada pelos reis católicos Fernando e Isabela em 1492.

• • • • •

Assim Íside terminou o relato sobre Cármina.

Ainda sob forte impressão, comentei:

— Não foi à toa que Cármina ficou traumatizada.

— No entanto — replicou Íside — tive bastante trabalho com ela. Não são poucos os que desencarnam sob grande carga de violência, mas raros são os que opõem tamanha resistência à ideia do retorno. O que importa é que ela enfim se resolveu.

— Que tenha sorte desta vez! — falei, ainda penalizado com a história da moça.

— Frequentemente o que parece ser uma vida cheia de tragédias e dificuldades é uma grande contribuição à evolução do espírito — observou Íside. — Se houvesse apenas experiências agradáveis, como seria possível aos espíritos o aprendizado e a evolução a níveis mais elevados de entendimento?

Após uns instantes em que pareceu pensativa, Íside confidenciou:

— Cristóbal também reencarnou há pouco. Ele, porém, está mais evoluído que Cármina, pois já é seu terceiro retorno desde sua vida como Cristóbal. Espiritualmente, ambos se encontravam em níveis semelhantes naquela encarnação, mas enquanto Cristóbal aprendeu com novas vidas e novas experiências, Cármina insistiu em ficar parada. Pelas circunstâncias locais e sociais de suas vidas de agora, eles terão grandes chances de se reencontrarem e até mesmo de reatarem seus laços amorosos.

— Essa diferença de aprendizado espiritual não pode ser um empecilho para que se relacionem de modo satisfatório? — indaguei.

— Empecilho? Pode ser que sim, pode ser que não. Tudo é possível. O principal é que o amor pode vencer todas as barreiras. De qualquer modo, tudo ocorrerá para o melhor, agora que Cármina enfim se decidiu pelo caminho da evolução.

Após uma pausa, Íside observou:

— Parece que falamos bastante sobre almas paradas. Três resistências distintas, por períodos de tempo diversos por motivos diferentes, embora os casos de Cármina e o de sua avó tenham um ponto em comum: a morte do ser amado. Devo deixá-lo agora, mas antes, quero fazer uma recomendação.

Em silêncio, deixei-a continuar.

— Como já disse, durante o tempo em que você parou, deixou de dar atenção a aspectos espirituais que antes considerava primordiais.

— Os sonhos, quer dizer?

— Exatamente. Talvez com exceção dos sonhos com a menina, você negligenciou a maioria deles. Se há algo que você jamais pode desprezar são seus sonhos. Você bem sabe o quanto eles o orientam e ensinam. Sei que os continuava anotando, mas logo os esquecia, fixado demais nos assuntos do sítio, especialmente entre 2005 e 2007. Pois bem. Volte a dar muita atenção e tempo a eles. Releia o que anotou, rememore-os, reflita. Sonhos recentes, sonhos antigos, todos eles. E, muito importante: dê especial atenção aos que envolvem grandes grupos de pessoas.

— Grandes grupos? — perguntei, sem que nada me viesse à mente de imediato.

— Sim. Comunidades, povos, nações.

Ante meu olhar surpreso, Íside acrescentou:

— Você compreenderá. Agora tenho que ir.

E desapareceu.

• • • • •

Embora não me tenham acudido à memória enquanto falava com Íside, assim que acordei, dois sonhos que pareciam se encaixar na categoria a que ela se referira logo se destacaram.

Afortunadamente, estavam anotados com grande riqueza de detalhes. Ambos se revelariam proféticos.

Um deles era do início de 2001 e se concretizaria meses depois. Todavia, mesmo que eu tivesse tido esse sonho na própria véspera de sua correspondência na vida real, nada havia que pudesse ser feito, de tão inesperada e chocante.

Creio que qualquer autoridade, política ou religiosa, por mais influência e prestígio que tivesse, teria sido tomada por louca incurável se houvesse declarado com um dia ou mesmo uma hora de antecedência que tal evento ocorreria. Tal declaração teria sido considerada não apenas inacreditável, mas absolutamente impossível.

O outro sonho é de maio de 2004, e inclino-me a crer que era mais especificamente a ele que Íside se referia, pois em relação a este, sim, ainda há o que ser feito. Uma parte menor e sem grandes consequências do sonho se concretizou em abril de 2005.

Ao ser aconselhado por Íside a recapitular meus sonhos, concluí que essa pequena parte já concretizada deve servir como um alerta para que a parte maior, com consequências para toda a humanidade, possa ser evitada.

O EIXO DO MAL

O Homem ocasionalmente irá tropeçar na Verdade, mas na maioria das vezes continuará seu caminho como se nada houvesse acontecido.
(Winston Churchill)

A tarefa que o Ser Supremo designou a ti não poderá ser evitada.
(Sabedoria Ashante)

Na madrugada de 16 de janeiro de 2001, tive um sonho ao qual não daria importância por vários meses.

Anotei-o pela manhã e durante meses ele ficou arquivado em um de meus cadernos, sem que me lembrasse dele. Afinal, eu tinha vários sonhos por noite — uma média de cinco ou seis. Meu recorde foi onze sonhos, dos quais me lembrei com perfeita riqueza de detalhes e sensações vívidas.

Portanto, apesar de anotado e arquivado com data, horário aproximado e local onde me encontrava na ocasião, esse sonho, como tantos outros que não me causam grande impressão imediata, foi despachado para algum confim menos favorecido de minha memória.

Vamos a ele.

O presidente dos Estados Unidos, George W. Bush, dirigia-se ao povo norte-americano pela televisão (um detalhe da "vida real": Bush acabava de ser eleito para seu primeiro mandato no mês anterior. No sonho ele já era o presidente em exercício, apesar de ainda não o ser na vida real.)

O objetivo de seu discurso televisivo era alertar os Estados Unidos quanto a um "bloco de nações inimigas" contra o qual ele teria, talvez durante todo o seu mandato, que agir duramente. Em suas palavras e em sua expressão estava explícita a probabilidade de uma guerra contra o tal "bloco".

Ao acordar, achei o sonho totalmente improvável. Afinal, que bloco de nações poderia induzir os Estados Unidos a uma guerra que durasse um mandato inteiro? Houvera a Guerra do Golfo, contra o Iraque, alguns anos antes, durante o mandato de Bush pai. Porém, desde a Guerra Fria não se podia falar em bloco inimigo. A União Europeia formava um bloco, o único talvez com poder econômico e militar em condições de fazer frente aos Estados Unidos, mas a possibilidade de uma guerra entre Estados Unidos e União Europeia era impensável.

Não havia nenhum grupo de nações que tivesse ao mesmo tempo três condições: afinidade suficiente para formar um bloco, animosidade suficiente contra os Estados Unidos para se transformar em ameaça concreta, e poder suficiente para sustentar uma guerra duradoura contra a potência norte-americana.

Por isso é que não dei maior importância ao sonho. Durante cerca de nove meses, nem me lembrei dele.

Até a manhã de 11 de setembro de 2001. Eu estava na cama e acordei com meu padrasto batendo à porta de meu quarto:

— Ligue a televisão! Os Estados Unidos estão sendo atacados!

Mas, afinal, do que ele estava falando? Um filme? Um documentário? Lembrei-me da brincadeira de Orson Welles, que nos anos 1940 dissera na rádio que os marcianos estavam atacando a Terra, causando pânico na população e caos em várias cidades americanas. Seria uma versão moderna daquele trote?

— Como, atacados? — perguntei, ainda sem me levantar.

— Estão explodindo prédios em Nova York!

— Do que você está falando? Então é o fim do mundo — repliquei, incrédulo.

Abri a porta, rindo, e fui ligar a televisão, curioso para entender o que meu padrasto tentava dizer.

Lá estavam as duas torres em chamas. Aliás, acho que era só uma. Se não me engano, a outra já havia desabado. Mesmo assim, num primeiro momento, achei que só podia ter sido acidente. Afinal, quem teria coragem de desafiar os Estados Unidos? E por que motivo? Não fazia o menor sentido.

Mas logo minha atenção passou das imagens à fala do repórter. Só então comecei a entender que não era uma brincadeira, uma montagem e nem mesmo um acidente. Lembro-me das palavras que escutei, algumas pela primeira vez: ataque terrorista, grupos islâmicos, Al Qaeda, Taliban, retaliação, Jihad. Também pela primeira vez escutei um nome que seria repetido à exaustão nos dias, meses e anos seguintes: Osama bin Laden.

Depois, apareceram cenas do Pentágono fumegante e do avião que caíra na Pensilvânia. Era incrível, mas verdade: os Estados Unidos haviam sido atacados.

Não desgrudei os olhos da televisão pelo resto do dia. Afinal, não se sabia se o ataque havia terminado.

Nos dias seguintes, o presidente Bush daria inúmeras declarações à imprensa e seria cada vez maior a frequência com que ele, que inicialmente se referira apenas a grupos terroristas, falaria de um bloco de nações inimigas, ou seja, qualquer nação que não estivesse explicitamente solidária aos Estados Unidos. Pouco depois, Bush passaria a chamar este bloco de Eixo do Mal[4].

Então, lá estava George W. Bush dando declarações sobre um bloco de nações inimigas. Lá estava, tal e qual, meu sonho de 16 de janeiro, quase oito meses depois.

O para sempre fatídico, na história da humanidade, 11 de setembro.

Quem poderia imaginar, oito meses antes?

Quem poderia imaginar, oito minutos antes?

● ● ● ● ●

Gostaria de voltar brevemente à observação de Íside quando me aconselhou a prestar atenção nos sonhos com grandes grupos de pessoas, pois contém um conceito importante deste livro.

Parece-me que existe, realmente, certa distinção quando a premonição se refere a *grandes grupos*, já que quanto maiores as consequências, maior a responsabilidade daqueles que a anteveem.

4 O termo foi usado no início em referência a Irã, Iraque e Coreia do Norte, passando depois a incluir Cuba, Líbia e Síria.

Essa responsabilidade, no que se refere ao sonho seguinte, limita-se em grande parte à conscientização da humanidade de sua necessidade de reconectar-se com a dimensão espiritual e valorizar o amor incondicional.

Se a afirmação de que o poder corrompe é verdadeira, não é menos verdadeira a de que onde há amor incondicional, não há sede de poder. "Amor e poder são a sombra um do outro", dizia Jung.

Em um mundo onde prevalecerem o amor, o desapego e a busca do aperfeiçoamento espiritual, não haverá espaço para o surgimento da grande ameaça de que fala o sonho seguinte.

Como veremos mais adiante, em minha conversa com Íside a respeito dessa ameaça, a diferença entre um futuro que parece predeterminado ao desastre e o futuro que pode sempre ser mudado para melhor está justamente nessa conscientização e na consequente mobilização de cada um de nós por meio do uso construtivo, cooperativo e pautado pelo amor de nosso livre-arbítrio, assim como a nossa capacidade de autodeterminação.

A "CRIANÇA DE HITLER" E A GRANDE AMEAÇA

É necessária muita sensibilidade se quisermos ver o início e o final das grandes coisas. As grandes coisas nunca se anunciam; esperam modestamente em silêncio.

(Henry Ward Beecher)

Eu dormi, e sonhei que a vida era alegria.
Despertei, e percebi que a vida era missão.
Agi, e descobri que a missão era alegria.

(Rabindranath Tagore)

Tive este sonho em 13 de maio de 2004.

Nele aparecia um indivíduo que teria influência das mais nefastas sobre o planeta.

Poderá surgir a pergunta entre os leitores: por que não me dei conta do potencial profético do sonho com Bush, enquanto trato o sonho a seguir como uma ameaça real cujo advento já se vai configurando?

A resposta é a seguinte: o sonho deste capítulo também diz respeito a uma ameaça, mas, ao longo dele, houve um sinal acerca de quando ela surgiria. Tal informação se relacionava a um futuro papa e, na ocasião, pareceu-me a parte mais improvável do sonho.

Tempos depois, essa aparente impossibilidade se cumpriu tal e qual. Isso me chamou a atenção para a perspectiva de que a outra parte do sonho poderia se cumprir.

São várias as circunstâncias da atualidade que favorecem o aparecimento de tal ameaça, tornando-a não apenas possível, mas também provável.

Eis porque dou a este sonho a importância que não dei àquele de Bush e seu bloco de nações inimigas, e dedico a parte final deste capítulo à estratégia pela qual a humanidade poderá não apenas frustrar os planos desse candidato a dono do mundo, mas também ganhar sabedoria e iluminação durante esse embate.

Mas quem seria o tal "indivíduo nefasto"? De quais circunstâncias ele poderá se valer para atingir o ápice do poder e realizar seus delírios de ambição, mostrando total indiferença pelo rastro de destruição que deixará atrás de si?

O sonho diz que todos os poderosos do passado parecerão pequenos quando comparados a ele. Nenhum deles chegará a lhe ser comparável, e a circunstância que mais o favorecerá é a globalização cada vez maior em que vivemos.

Hoje em dia a mídia é globalizada. O sistema financeiro é globalizado. Há forças armadas globalizadas ou internacionais, como as Forças de "Paz" da ONU e da OTAN. Há organizações globais de ciência e cultura, como a UNESCO. Redes sociais unem pessoas de todo o planeta, ao mesmo tempo em que funcionam como um gigantesco banco de dados de seus usuários.

Tudo que fazemos hoje rotineiramente, de operações bancárias a ligações telefônicas a uma compra no supermercado, deixa um rastro de informações permanente que pode ser acessado a qualquer momento.

Sob tais circunstâncias, é muito fácil e provável que um grupo ou organização de poderosos obtenha controle do que bem entender em escala mundial. Esse grupo, no entanto, poderá ser apenas uma fachada de subordinados e testas de ferro, um disfarce para encobrir o fato de que o poder, que já parecerá bastante centralizado, na verdade se concentra nas mãos de um único indivíduo.

Outra característica de nossos dias que o tornará particularmente perigoso é o extraordinário avanço da tecnologia que caracterizou todo o século 20 e continua, neste século, a crescer em ritmo exponencial. A alta tecnologia nas mãos de um líder de ambição sem limites e tremendo potencial para a violência pode ser a receita para um desastre de dimensão planetária.

Essa pessoa irá fascinar o mundo, cheia de carisma e capacidade de liderança. Será muito benquista também pelos meios de comunicação, o que fará com que sua influência e poder cresçam de modo extraordinário.

Havia, no sonho, uma peculiaridade sobre esse homem que talvez facilite sua identificação quando chegar o momento: ele possuirá uma enorme facilidade para "ler" as intenções das pessoas, uma espécie de sexto sentido — na verdade nada sobrenatural ou paranormal, apenas o resultado do intenso preparo ao qual terá sido submetido praticamente desde seu nascimento.

Isso se refletirá, por exemplo, em uma habilidade de antecipar respostas às perguntas que lhe serão feitas. Assim, em uma entrevista ou debate, ele poderá dar respostas antes que o entrevistador ou oponente termine a pergunta, em alguns casos antes mesmo que a questão chegue a ser formulada. "Já sei o que quer perguntar" ou "Já sei aonde quer chegar" serão típicas frases suas.

Não há nada de extraordinário nisso se levarmos em conta sua obsessão com o domínio da linguagem corporal, das expressões faciais, das pausas e reticências entre frases e palavras, do tom, timbre, volume e oscilações da voz.

Para atingir seus objetivos, ele sabe que terá que ser um grande psicólogo e um exímio ator.

O riso fácil e aparentemente sincero, o charme superficial, a imagem inicial de integridade e honestidade irão, por tempo suficiente, mascarar suas verdadeiras intenções, até que seja tarde para impedi-lo de atingir um poder sem nenhum paralelo na história da humanidade. Nesse ponto, ele deverá ter alcançado controle sobre todo o espectro de influência da política global, do sistema financeiro às forças armadas, da mídia às agências policiais e de inteligência.

De acordo apenas com seus interesses, ele determinará o que será informação, o que será educação e o que será entretenimento.

O aparecimento de tal indivíduo poderá se dar nas mais variadas áreas. Poderá chegar ao poder como o presidente de uma potência como os Estados Unidos ou de uma nação emergente, como China ou Brasil, um representante da União Europeia, um magnata das comunicações ou um líder religioso — até mesmo um futuro papa. Sua ascensão parecerá meteórica, mas isso será mero jogo de aparências. Esse homem, apesar de relativamente jovem quando se fizer conhecido, já virá manipulando os bastidores muitos anos antes.

Além disso, outras pessoas de grande influência estarão trabalhando para sua chegada ao poder há muito tempo.

Desde seu nascimento ele terá conexões com o poder, ligações fortes e antigas. Isso, no entanto, será mantido em segredo. Será parte de sua tática de domínio que ele se apresente com a mística do homem que se fez sozinho, que veio do coração do povo e se dirige aos cumes do poder unicamente por méritos próprios. Ele será bem-sucedido em criar esse mito em volta de si, porém nada estará mais distante da verdade.

Quando ficarem claras suas intenções, boa parte do mundo já estará sob seu jugo.

Os poucos que ousarão falar contra ele o compararão aos grandes dominadores da humanidade, de Gêngis Khan a Hitler, de Júlio César a Alexandre, o Grande. Mas tais comparações só ocorrerão anos após sua definitiva tomada de poder. Como um gigantesco e silencioso polvo, ele estenderá seus tentáculos sobre o mundo aos poucos, de maneira discreta e dissimulada, com uma meticulosidade brilhante.

Apesar da monumental ambição, ele será dotado de nervos de aço e grande paciência. Saberá sempre esperar pelo melhor momento para dar seu bote.

Muitos dos homens que serão considerados líderes de seu tempo na verdade não passarão de marionetes suas, alçadas aos cargos mais elevados das principais nações apenas para agir conforme sua determinação.

Por muito tempo, o povo não saberá de nada, a maioria dos políticos tampouco, e em grande parte dos casos, nem mesmo os supostos "estadistas" se darão conta de que são apenas joguetes, manipulados de maneira efetiva e ao mesmo tempo sutil.

Alguns desses "líderes" só perceberão que foram usados quando se tornarem inúteis ou inconvenientes para ele.

Nesse momento, será grande a chance de que se tornem vítimas de atentados, fraudes ou sabotagens. As sabotagens e fraudes jamais serão descobertas e, para os atentados, sempre haverá alguém ou algum grupo pronto para ser usado como bode expiatório. Muitos assassinatos passarão por acidentes, doenças comuns ou mortes naturais.

Implacável, insaciável e genial à sua maneira, esse homem florescerá entre guerras, conflitos e intrigas. Em muitas dessas guerras se colocará publicamente do lado mais conveniente do ponto de vista político, mas secretamente estará apoiando e instigando os dois lados, pois as guerras serão os melhores instrumentos para a expansão de seu poder. Nenhum escrúpulo será capaz de fazê-lo hesitar. Não conhecerá remorsos ou arrependimentos.

Usando a máscara do humanitarismo e das boas intenções, ele se aproveitará de conflitos religiosos, especialmente entre cristãos, islâmicos e judeus. A pretexto de iniciar uma era dourada de paz duradoura, fará uma ousada tentativa de unificar as religiões sob o denominador comum do monoteísmo: Deus é um só, e é o mesmo para todos. O objetivo de tal iniciativa é o controle sobre a religião, não sendo bastante para esse homem o domínio das esferas política, econômica e militar.

Essa "grande ameaça" possui evidentes similaridades com o Anticristo bíblico. Porém, apesar de responsável por feitos sem precedentes, ele não apresentava, em meu sonho, qualquer qualidade sobrenatural ou sobre-humana, mas apenas ambição humana elevada à última potência e egoísmo em sua essência mais concentrada, aliados à total falta de consciência e a uma inteligência muito acima da média. Perigosíssimo, porém humano.

Havia, como disse, uma pista em relação à época em que ele surgiria. Isso aconteceria dois papados após o de João Paulo II, que era o papa na ocasião.

No sonho aparecia a revelação: "Após a morte de João Paulo II, que ocorrerá em breve, será escolhida como pontífice uma criança de Hitler. Somente após a criança ter deixado o Vaticano, e também seu sucessor, poderá aparecer a grande ameaça".

Naquela época, João Paulo II estava velho e doente, de modo que não me causava surpresa a informação de que sua morte estivesse próxima (João Paulo II faleceu cerca de onze meses após o sonho).

O que me intrigava era a referência à "criança de Hitler".

Pensei nas possibilidades. Seria tal criança uma vítima de Hitler? Um ex-interno de campos de concentração, ou alguém cujos pais tivessem sido assassinados por oposição ao regime nazista?

No entanto, algo no sonho fazia com que eu me inclinasse à suposição de que a "criança de Hitler" não fora vítima, mas parte do regime nazista. Mesmo porque as vítimas foram judeus em sua maioria, e um judeu não poderia ser papa da Igreja Católica. De qualquer modo, sempre que pensava muito sobre o assunto, a tal criança me parecia um completo despropósito.

Como seria possível, após a morte de João Paulo II, o conclave eleger um papa ligado ao regime nazista? Seria um escândalo fatal à Igreja Católica.

Apesar da intensa carga de energia e da riqueza e nitidez de detalhes, talvez não fosse um sonho premonitório. O tempo passou e o sonho ficou anotado.

●●●●●

Em dois de abril de 2005 faleceu João Paulo II, aos oitenta e quatro anos.

Dias antes da morte do papa, ganhava força entre os possíveis sucessores o nome de Joseph Ratzinger, cardeal alemão que estivera por mais de duas décadas próximo a João Paulo II.

Em 19 de abril o conclave elegia Ratzinger.

Não deixava de ser digno de nota o fato de que o cardeal Ratzinger, agora papa Bento XVI, fosse alemão.

Eu era criança quando João Paulo II foi eleito papa. Achava que todos os papas eram italianos; que ser italiano era uma condição *sine qua non* para o papado, e que o fato de João Paulo II ser polonês era uma exceção que não se repetiria na história da Igreja Católica. Na verdade, meu equívoco era desculpável, pois quando Karol Wojtyla se tornou o papa João Paulo II, em 1978, quebrava-se uma tradição ininterrupta de 455 anos de papas italianos.

Só fui perceber que estava enganado muitos anos mais tarde, quando começou a fraquejar a saúde de João Paulo II e a se especular um sucessor. Falava-se do nigeriano Francis Arinze, que, se eleito, seria o primeiro papa negro da história, e do brasileiro Dom Cláudio Hummes, arcebispo de São Paulo. Havia também dois ou três italianos. Não me lembro, nessas primeiras elucubrações da mídia, de qualquer referência a Ratzinger.

Em relação ao meu sonho, embora houvesse a coincidência da nacionalidade alemã, era improvável que algum parente próximo do novo papa houvesse exercido um cargo proeminente no regime nazista ou pertencido ao círculo mais chegado ao ditador, o que pudesse talvez qualificá-lo como a tal criança de Hitler.

Pois bem. Por ocasião da eleição de Joseph Ratzinger, surgem rumores. Os rumores se confirmam e instaura-se uma polêmica que alguns segmentos da mídia veem como explosiva: descobre-se que, em 1941, aos 14 anos, Ratzinger havia se afiliado à *Hitler Jugend*.

A *Hitler Jugend*, ou Juventude Hitlerista, foi uma organização criada com o objetivo de educar crianças e jovens de "sangue puro" dentro dos preceitos do nazismo, inculcando-lhes desde cedo a ideologia do regime, inclusive suas teorias raciais, como a superioridade da raça alemã ariana e a classificação mais ou menos animalesca de negros, eslavos, ciganos e, sobretudo, judeus — povo sem escrúpulos, ganancioso, torpe e conspirador, de acordo com a cartilha nazista. A maior ameaça à Grande Alemanha sonhada por Hitler e o bode expiatório perfeito para um ditador populista como ele seriam os judeus. Foram escolhidos como o grande perigo contra o qual os nazistas tratariam de arregimentar parte decisiva do povo alemão, usando a velha estratégia de dominar e conduzir milhões de pessoas pelo medo, servindo-se da ameaça de um inimigo imaginário.

Apesar de causar estranheza a ideia de um papa alemão que pertencera à *Hitler Jugend*, talvez a humanidade já estivesse pronta para isso. Após seis décadas do final da Segunda Guerra Mundial, talvez a Igreja Católica pudesse eleger um alemão que não apenas seria o líder e guia do rebanho católico, mas também seu representante junto a outras religiões, como o cristianismo ortodoxo, o islamismo e mesmo o judaísmo.

Esse último tópico, em especial, era tema de controvérsia, pois muitos achavam que um papa alemão, que vivera sob o regime nazista e fizera parte de uma de suas organizações (ainda que muito jovem) jamais poderia ser um interlocutor adequado junto a líderes de outras religiões, particularmente do judaísmo.

Mas, enfim, talvez até os líderes religiosos mais conservadores estivessem prontos para aceitar que nem todos os alemães apoiaram Hitler. Talvez nem mesmo um alemão que participara da *Hitler Jugend*.

Como muitos simpatizantes de Ratzinger opinavam, era possível que esses líderes religiosos também vissem que, por ter sido obrigado a entrar para a *Hitler Jungend* tão novo, Joseph Ratzinger também fora uma vítima do regime.

Ratzinger rapidamente apresentou sua versão, defendendo-se com base em dois argumentos: o primeiro, que a afiliação à *Hitler Jugend* era obrigatória para alemães; o segundo, que seria impossível a um menino de catorze anos qualquer tipo de resistência ao nazismo.

Alguns críticos do novo papa não concordavam com a afirmação de que aos catorze anos ele fosse jovem demais para se opor ao regime cujas atrocidades já eram comentadas em 1941.

Um jornal americano reconhecia que seria demais esperar resistência de um menino de catorze anos, mas prosseguia argumentando que "este não era um menino comum. Era, embora não pudesse ainda saber disso, um menino que se tornaria nada menos que papa, alguém destinado a ser o sucessor de Pedro, líder da Igreja Católica e símbolo de unidade para todo o Cristianismo".

O jornal *The Sunday Times*, em sua edição de 17 de abril de 2005, especulou: "Apesar de não haver indícios do envolvimento de Bento XVI em atrocidades, o fato pode ser contrastado por seus oponentes com a atitude de João Paulo II, que em sua juventude participou de peças teatrais antinazistas na Polônia e em 1986 tornou-se o primeiro papa a visitar uma sinagoga em Roma".

A polêmica atingiu o ápice quando se descobriu, por meio de antigos documentos, que o próprio pai do novo papa, um oficial de polícia também chamado Joseph, opusera-se ao regime por considerá-lo anticatólico, tendo inclusive que mudar de endereço diversas vezes por conta disso.

Não se sabe se com ou sem a influência do Vaticano, o fato é que a polêmica se esgotou rapidamente, não causando maiores prejuízos à imagem de Bento XVI. Concluiu-se que realmente era "quase impossível" esperar que uma "criança" de catorze anos agisse contra as leis do próprio país e que era um exagero absurdo que apenas com base em sua participação na *Hitler Jugend* rotulassem Joseph Ratzinger, agora ou na época, como um nazista.

John Allen, biógrafo do papa, declarou sobre o assunto: "Ratzinger fez parte apenas brevemente da Juventude Hitlerista, e nunca foi um membro entusiástico".

Controvérsias à parte, restava o fato de que, obrigado ou não, de modo direto ou indireto, Joseph Ratzinger ou Bento XVI tinha sido uma "criança de Hitler".

• • • • •

Só agora, quatro anos depois e sob as exortações de Íside, eu juntava todas as peças e me surpreendia: estava feita a conexão entre "a criança" e o sucessor de João Paulo II. Parte do sonho se concretizara. Por mais preocupado que eu estivesse com assuntos do sítio, como podia ter ignorado uma correspondência tão óbvia?

E agora, com essa ligação estabelecida, como evitar que a parte restante do sonho pudesse também se tornar realidade?

De que poderes e instrumentos eu dispunha para isso?

Eu acreditava que nossa capacidade de modificar o mundo estaria diretamente relacionada aos meios de que dispomos para tanto e ao nosso nível de influência sobre a coletividade. Não sendo um líder político ou espiritual, um magnata da mídia ou uma grande celebridade, que diferença eu poderia fazer?

Qualquer tentativa no sentido de impedir o advento da tal "grande ameaça" me parecia não apenas colossal, mas francamente impossível. Um feito comparável a parar um tsunami ou uma erupção vulcânica. Algo que requeria poderes divinos ou, no mínimo, sobrenaturais.

Por que então Deus, ciente de minha incapacidade, permitiu que eu tivesse tais vislumbres do futuro? Apenas para que eu me atormentasse diante de minha própria insignificância?

Pois foi exatamente isso o que fiz. Atormentei-me durante uma semana, mais ou menos, revendo esse sonho e percebendo com horror como as coisas iam, de modo gradual, porém implacável, configurando-se de modo propício à sua concretização.

Então, mais uma vez, Íside veio me socorrer, espargindo luz onde eu só enxergava trevas.

ÍSIDE FALA SOBRE A GRANDE AMEAÇA

Assim como entender uma pessoa nos ajuda a compreender por que atua de determinada maneira, cada novo conhecimento espiritual nos ajuda a ver por que a vida atua do modo como o faz.

(Craig Carter)

Deus pode fazer mais através de ti do que por ti.

(Madre Teresa de Calcutá)

Enquanto dormia, eu era acossado por incessantes repetições das visões do sonho sobre a "grande ameaça".

Certa noite, ao cessarem as visões, Íside surgiu. Passei a me lamentar amargamente com ela:

— Por quê? Para quê? Com que finalidade alguém tem a visão de um futuro de trevas se não tem o poder de mudá-lo?

— A quem você se refere? — perguntava Íside. — Quem não tem o poder de mudar o mundo?

— Claro que me refiro a mim! — retruquei, com desgosto. — Esse ser quase mítico que apareceu em minhas visões era um colosso de poder, um gênio do controle e da manipulação. Como eu poderia estar à altura de opor a menor resistência à sua...

— Mas você está — afirmou Íside, interrompendo minhas lamúrias.

— Estou o quê? — indaguei, ainda perdido.

— À altura de combatê-lo.

— Eu? — perguntei, com um débil sorriso. — Eu e mais quantos mil?

— Meu filho, sejamos sinceros. A quem você engana ao fingir não crer que uma pessoa seja capaz de mudar o mundo? Como se você não soubesse! Justo você, que tanto mirou o passado a ponto de ficar preso a ele, não o teria perscrutado também como fonte de inspiração?

— A que inspiração você se refere?

— Pare de perguntar a mim. Pergunte a si mesmo.

Julguei ver em seu olhar uma nota de desaprovação e mantive silêncio enquanto ela prosseguia.

— Estou afirmando que você está à altura de tal tarefa. Porém, não se julgue por isso melhor que os outros ou de qualquer modo superior. Qualquer pessoa que possa despertar na humanidade o amor e a conscientização está à altura de tal combate, que à primeira vista pode parecer hercúleo. É evidente que esse possível futuro que você viu não poderá acontecer em um mundo de amor, consciência e desapego. Com esses elementos, esse monstro sedento de poder não teria chances. O único modo de um único indivíduo poder dominar o mundo é com as massas colaborando — mesmo que essa colaboração esteja na omissão.

Íside fez uma pausa. Seu olhar pareceu mais intenso quando recomeçou:

— Preste atenção: já disse que você não é melhor que seus semelhantes. Porém, por ter tido determinadas visões, a grande ameaça em particular, sua responsabilidade é maior que a da maioria. Muitos não sabem o que pode acontecer se não fizerem uso ativo do livre-arbítrio para despertar, em si e no próximo, amor e consciência. Você não tem a desculpa da ignorância. Você sabe. Você viu. Essa deve ser sua missão e se não a tomar como tal, estará sendo negligente e irresponsável. A culpa por atos desse indivíduo sinistro que você vislumbrou será também a sua própria culpa por omissão!

Fiquei aturdido com os argumentos de Íside. Eu jamais me vira como responsável por uma tarefa de tamanhas proporções. No entanto, quem era eu para contestar suas palavras?

— Você compreendeu que olhar o passado com apatia leva à estagnação espiritual. Sabe também que pode mirá-lo de modo construtivo, em busca de inspiração. *Pense nas crianças*. Recorde que não fui a única a lhe mostrar caminhos. Uma equipe de espíritos antiquíssimos está sempre a guiá-lo e a inspirá-lo. Saiba reconhecê-los em suas lembranças e não deixe de lhes dar crédito.

— Como posso reconhecê-los?

— Da mesma maneira que eles souberam reconhecê-lo. Existem afinidades muito poderosas. Mas já dei respostas suficientes. Pergunte agora a si mesmo.

Percebi que Íside se preparava para partir. A cada instante via sua imagem com menos clareza.

Ouvi-a dizer ainda, nitidamente:

— Cada qual tem sua missão. Você teve o privilégio de saber da sua por meio de sonhos e visões. Aja em conformidade com o privilégio que recebeu. Saiba honrá-lo. Mas, sobretudo, aja!

Depois disso, Íside desapareceu em meio à zona crepuscular onde o sono gradualmente cede lugar à vigília. Não obstante, as palavras de nossa conversa ecoaram em minha mente por muito tempo após o despertar.

Quais seriam os espíritos antigos de que Íside falara e que, segundo ela, inspiravam-me há tempos? O que ela queria dizer com "pense nas crianças"? Uma referência ao futuro e à missão pela qual ela dizia ser eu responsável?

Acima de tudo, eu me questionava: existia em mim a fé de que uma única pessoa, mesmo servindo de exemplo para milhares, fosse capaz de fazer a diferença?

• • • • •

Nos dias seguintes, dediquei-me incessantemente a refletir sobre certas palavras de meu último encontro com Íside e do conceito que elas encerravam.

Como uma criança que tem, pela primeira vez, acesso a um objeto jamais visto, eu analisava aquelas palavras de todas as maneiras que me ocorriam. Mirava-as e remirava-as sob todos os ângulos e posições, combinava-as, punha-as em situações e locais inusitados.

Dentre tais palavras, estavam: amor, missão, consciência, desapego, responsabilidade, inspiração. Passei dias experimentando com elas em minha mente e minha alma.

Não foi em vão. Ao cabo de uma semana já suspeitava de quem seriam os tais espíritos antigos. Um certamente era o visitante da Casa do Sol. Outro, talvez, a cigana de Barcelona. O que me levara a eles foram as palavras acima, em especial amor, desapego e missão.

Íside estava certa: apesar da importância que julgava dar a sonhos, visões e sincronicidades, eu os negligenciara e quase me esquecera desses dois encontros de suma importância.

A LÁPIDE

Os sonhos são nossa segunda vida. Nunca fui capaz de penetrar sem um arrepio aqueles portais de marfim que nos separam do mundo invisível.
(Gerard de Nerval)

E se o sábio morre com tanta serenidade e o ignorante com tão grande pavor, não será porque a alma do sábio, lúcida e clarividente, sabe que voa rumo ao melhor, enquanto a do ignorante é incapaz de tal percepção?
(Cícero)

Ao recordar esses dois encontros — o visitante e a cigana — eu voltava cerca de dez anos no tempo para resgatar ensinamentos que talvez na época eu não estivesse pronto a absorver.

Sobre o visitante da Casa do Sol já falei no início deste livro. Falarei neste capítulo sobre a cigana de Barcelona.

Encontrei a cigana apenas uma vez, mas foi suficiente, pois me parece que neste único encontro ela me disse tudo o que tinha a dizer. Foi uma informação bastante específica e muito útil para que eu saiba, se quiser encarar certas visões como desafios e missões, de quanto tempo disponho para cumpri-los.

Considero tal informação um incentivo para que eu me programe de modo a fazer o máximo e o melhor dentro de minhas circunstâncias e limitações.

O contexto que deu grande significado às palavras da cigana foi um sonho que tive tempos antes.

Contarei o sonho e, em seguida, o encontro com a cigana.

• • • • •

O céu estava cinzento e cheio de nuvens baixas, cor de chumbo.

Eu caminhava por um campo sombrio e desolado, recoberto por uma vegetação seca e rasteira.

Era impossível ver a luz do sol através daquelas nuvens carregadas, mas calculei que já estivesse começando a anoitecer. A paisagem se estendia, triste e inóspita, até onde a vista alcançava. A esparsos intervalos de quarenta ou cinquenta metros, havia árvores gigantescas, tão altas que só aumentavam minha sensação de insignificância e desamparo naquele local.

Eu não sabia onde estava, nem tinha a menor ideia de como fora parar ali.

Tudo naquele lugar parecia morto. Não se ouvia som algum, fosse de gente, animal ou máquina. Não se via um pássaro, um mosquito, nada. Apesar do mau tempo, não se ouviam trovoadas. O próprio ar estava parado — o próprio ar parecia morto.

Eu só pensava em escapar daquele local e com tal objetivo caminhava sempre adiante.

Após andar o que pareceu um longo tempo, sem que nunca se modificasse a paisagem, de súbito percebi, parcialmente envolta pelas raízes de uma das enormes árvores, uma pedra de superfície lisa e reta. Dirigi-me à pedra e concluí que seu formato retangular não era obra da natureza. Alguém havia talhado aquela pedra, o que me animou, pois era o primeiro sinal de civilização que via por ali. Por outro lado, para que as raízes houvessem crescido tanto em torno da pedra, e ela estivesse tão coberta pelo musgo e com as bordas tão desgastadas, era provável que as mãos que haviam dado tal forma àquele pedaço de rocha não mais existissem há muito tempo e que a pedra fosse apenas o resquício de um povo extinto.

Continuando a exploração, descobri outra pedra, arredondada, separada da porção retangular por um feixe de raízes que quase a cobria por completo. Fora inclinada pela pressão das raízes, mas ainda se percebia que havia sido colocada perpendicularmente à pedra retangular e que o conjunto formava um túmulo.

A parte inclinada, que seria a lápide, estava, como disse, quase toda envolta por raízes e coberta de musgos. Por isso, eu apenas podia ver, na parte que despontava, uns traços vagos e indecifráveis da antiga inscrição.

Curioso, apanhei o primeiro pedregulho que vi e com ele passei a raspar a camada poeirenta de musgo que tomava a lápide. Iniciei por onde eram mais visíveis as inscrições. Percebi que começara bem: descobri uma cruz seguida de uma data. Ali estava certamente a data de morte do indivíduo enterrado sob aquele túmulo.

Após retirar, com a parte mais pontiaguda do pedregulho, o musgo grudado à cruz, passei a me concentrar no ano. Tal operação devia ser feita com cuidado, pois o musgo estava muito incrustado na rocha, como se gerações dele houvessem morrido e depois se renovado sobre o substrato em decomposição, decompondo, no processo, a própria rocha. Esta se esfarelava ao ser separada do musgo e da poeira que ali estiveram aderidos por tanto tempo.

Com delicadeza e paciência, consegui enfim visualizar com clareza os algarismos do ano.

Formavam o número 2064.

A data me surpreendeu um pouco. Ou aquele jazigo pertencia a um povo cujo calendário era diferente do nosso, ou eu estava muitos anos no futuro, pois aquele túmulo com inscrição de 2064 era muito antigo, o que se evidenciava não apenas pelo musgo e pela pedra desgastada e escurecida, mas principalmente pelas raízes gigantescas que o engoliam. Tal crescimento não se dera em poucos anos.

Estava imerso em tal pensamento quando ouvi o rosnar de uma fera e logo em seguida senti um peso arremessando-se contra mim. Percebi que era atacado por um grande cão ou lobo, que pulara às minhas costas e me mordia o pescoço e a cabeça, apesar de meus esforços para me livrar daquele ataque de força descomunal.

Por fim, consegui me dobrar sobre mim mesmo, para frente e para baixo, em um movimento de alavanca. Com tal impulso a fera perdeu o equilíbrio e foi arremessada alguns metros adiante.

Para minha surpresa, reconheci o animal. Era minha cadela Daphne, até hoje minha favorita entre as dezenas de cães que já tive. O espanto não era encontrá-la naquele local, mas ter sido atacado com tanta fúria justamente por ela, que sempre mostrara lealdade e devoção incomparáveis à mim.

Chamei-a algumas vezes, esperando ser reconhecido.

Ela pareceu se acalmar um pouco, mas continuava estranha e arredia. Subiu sobre a pedra do túmulo e ali parou, com os pelos do pescoço e das costas eriçados, sempre rosnando. Por duas vezes tentei me aproximar, mas em ambas ela se pôs em posição de ataque. Seu latido grosso e rouco fez um eco assustador por aquele campo silencioso.

Tentei novamente, acercando-me aos poucos enquanto falava com ela, que em nenhum momento parou de rosnar e de se mostrar pronta para um novo ataque.

Cheguei a poucos passos da pedra retangular sobre a qual Daphne se encontrava. Devagar, tentei aproximar minha mão. Não compreendia sua agressividade. Embora ela continuasse rosnando, com mais um passo eu encostaria as costas de minha mão em seu focinho. Por meio desse contato direto, talvez ela me reconhecesse.

No momento em que estava prestes a tocá-la, senti um buraco se abrir sob meus pés. Comecei a cair, juntamente com montes de terra e folhas secas, por um espaço escuro e gélido, que não parecia ter fim. Enquanto isso eu ouvia, vindos de lá de cima, os latidos grossos de Daphne.

Então, acordei.

● ● ● ● ●

Corria o ano de 1999. Era um sábado de maio. O verão começaria dentro de um mês e uma brisa cálida já soprava, vinda do Mediterrâneo, sobre as Ramblas de Barcelona.

A noite estava muito agradável. A lua crescente, quase cheia, dava um tom azulado ao chão das Ramblas, polido pelas passadas incessantes dos transeuntes, e a tudo o mais que brilhava.

Devia ser nove ou dez horas e as Ramblas pareciam um formigueiro de gente, principalmente entre a Plaça Catalunya e a ponte, no porto, que dava para o *Maremagnum* — uma estrutura gigantesca montada sobre o mar, com lojas, bares, restaurantes e cinemas.

Os artistas de rua que se apresentavam nas Ramblas se aproveitavam da grande quantidade de pessoas transitando àquela hora para complementarem seus ganhos com a generosidade, principalmente dos turistas.

Eu estava na Plaça Catalunya e assistia a uma dessas apresentações. Não me lembro o que era, até porque, numa noite de sábado, aconteciam várias ao mesmo tempo.

Em dado momento, resolvi ver o que havia de novo no *Maremagnum* e comecei a descer a ladeira em direção ao porto.

Mal havia saído da Plaça, quando de uma esquina, sentada sobre um caixote de madeira, uma senhora me chamou:

— *Eh, chaval! Dejame echar un vistazo a tu mano*[5].

Era uma velha cigana, ou pelo menos se vestia como uma, com vários panos de linho e de seda sobrepostos, muito coloridos e estampados. Usava também um lenço estampado de verde e vermelho na cabeça, por onde escapavam algumas mechas de cabelo alvo como algodão e grandes brincos dourados. Era muito magra e pequenina. Tinha o tamanho de uma criança. Sua pele, de um tom oliváceo, era incrivelmente engelhada e curtida de sol. A velhinha parecia feita de couro. Um de seus olhos era branco, completamente branco. O outro, apesar de já haver tomado a coloração cinzento-azulada da senilidade, cintilava com uma vivacidade que contrastava com a aparência gasta e decrépita da anciã.

Há muitos ciganos na Espanha, mas poucos na região da Catalunha. Já havia quase um ano que eu morava em Barcelona

5 Ei, rapaz! Deixe-me dar uma olhada em sua mão.

e jamais vira um cigano na cidade, ou pelo menos nenhum que eu pudesse identificar como tal pela aparência.

Perguntei à cigana de onde ela vinha.

Espetando um dedo encurvado na direção do porto, ela indicou um grupo de ciganos que cantavam e dançavam a algumas dezenas de metros de onde estávamos. Parecia que cantavam aos gritos e batiam palmas, mas era tanta gente que ali passava que eu, apesar de perceber a atividade frenética do grupo, mal os conseguia ouvir. A velha, sempre com o dedo apontado, disse:

— Minha gente é essa que dança aí para baixo.

Depois se voltou para mim, prosseguindo:

— Andamos por todo este mundo, rapaz... Mas onde costumamos ficar mais tempo é nos arredores da Serra Morena.

Ao menos devia ser uma cigana legítima, pois era andaluza. Entretanto, a velha insistia:

— Mas me dê sua mão... Vamos, quero ler sua mão!

Ao perceber que eu hesitava, a cigana fez uma expressão de mágoa, perguntando:

— Que foi? Não quer dar a mão para a velha? Tem medo? Ou nojo?

Seu método de persuasão funcionou. Para mostrar que não tinha medo, o que seria um insulto a mim, e nem nojo, que o seria a ela, estendi-lhe minha mão direita, enquanto continuei em pé. A mulher a tomou com avidez e começou a murmurar:

— *Muy bien, muy bien... Hmmm... Muy bien...*

Seu olho branco, somente o branco, lacrimejava.

— Oh, que coisas tão boas que vejo! Você será rico, meu filhinho, muito rico! Mas somente depois dos cinquenta anos...

Deixou um pouco de se concentrar em minha mão e, olhando-me nos olhos, declarou:

— Porém, não se preocupe, ainda desfrutará muito do seu dinheirinho. Você terá uma vida muito longa, filho.

Depois, perscrutando outra vez a palma de minha mão:

— Chegará aos noventa e dois anos.

Apesar de parecer tão segura ao fazer aquela declaração, pensei que eu teria ainda que esperar quase setenta anos para ver se a cigana acertara sua previsão e ela, certamente, já não estaria por aqui.

— Está escrito que você só perecerá aos noventa e dois anos, de modo algum antes, e até lá será invulnerável — prosseguiu. — Até lá, se você se atirar de um precipício, árvores irão amortecer sua queda como a própria mão de Deus. Se você se jogar ao mar, ondas o trarão em segurança à praia. O revólver do bandido emperrará diante de você, o punhal do conspirador se volverá rombo como uma colher de pau. A doença e a morte desviarão sempre de seu caminho... Até os noventa e dois anos.

A cigana largou minha mão. Ao cruzar os braços, indicando que a consulta acabara, foi logo dizendo:

— Então? Que lhe parece? Ótimo, não? Agora, dê um presentinho a esta velha que viu coisas tão maravilhosas em seu futuro.

Dei-lhe uma moeda de cem pesetas. Ela não pareceu entusiasmada.

— Vamos, jovem, um pouquinho mais para a velha que lhe viu coisas tão boas... Lembre-se de que será um homem muito rico e a velha não tem onde cair morta!

Coloquei na mão estendida outra moeda de igual valor. Após revirá-la algumas vezes diante do olho são, a velha deu uma risadinha e balançou a cabeça, como que agradecendo.

— *Adiós y buenas noches* — disse eu, já me afastando antes que ela pedisse mais uma moeda.

— *Vaya con Diós* — respondeu.

Já começara a apertar o passo na direção do *Maremagnum*, quando ela me chamou outra vez:

— Ei, jovem!

Que seria? Mais dinheiro? Hesitei por alguns instantes, mas ela insistiu:

— Moço, isto é muito sério! Aproxime-se um momento.

Nem um pouco disposto a lhe dar mais dinheiro, voltei alguns passos, muito a contragosto, parando outra vez diante dela. Inclinando-se para frente, a cigana agarrou novamente minha mão, mas agora não parecia interessada em sua leitura. Apenas a apertava, sacudindo com firmeza, como que para enfatizar o que dizia:

— Não se esqueça: 2064!

— O quê?

— O ano! 2064 *Anno Domini,* como dizem vocês, cristãos.

Eu havia decidido não lhe dar mais nenhum dinheiro, mas como ela apertasse cada vez mais forte minha mão, sem demonstrar intenção de soltá-la, ofereci mais cem pesetas, como um resgate por minha própria mão. Finalmente a velha me largou, remirando outra vez a moeda, como fizera com a anterior, antes de colocá-la no surrado embornal de couro que pendia de sua cintura.

Já me distanciara uns dez metros da mulher e estava de costas para ela, quando a ouvi ainda dizer:

— Em 2064, você se recordará uma última vez da velha cigana da Plaça Catalunya.

O sonho da lápide havia acontecido quase um ano antes e talvez por não estar fresco em minha memória, não fiz imediatamente a conexão. Por isso, apenas alguns minutos depois, quando eu já cruzava a ponte de madeira sobre o mar, é que me veio a revelação: era minha aquela lápide!

Era eu quem teria noventa e dois anos em 2064.

Como a cigana poderia saber disso? Em nenhum momento eu dissera minha idade. No entanto, o que ela quisera me dizer no final, frisando o 2064, era que esse seria o ano de minha morte. Ela dissera antes que eu morreria aos noventa e dois anos, e isso seria em 2064.

E eu que a tomara por uma charlatã!

Agora fazia sentido minha cadela Daphne estar, no sonho, defendendo aquele túmulo bravamente. Assim ela sempre fizera comigo, postada como uma sentinela à soleira de minha porta, da noite até a manhã, até que me levantasse. No sonho não me reconhecera, pois sabia que era eu mesmo quem jazia sob aquela lápide.

Dei meia-volta, desistindo do passeio ao *Maremagnum* e disposto a encontrar de novo a cigana para ver o que mais ela poderia me revelar.

Antes de chegar à esquina onde ela estivera, eu deveria passar por seus companheiros, os ciganos que cantavam e dançavam. Não os vi em parte alguma, mas continuei subindo as Ramblas, certo de que encontraria a anciã.

Fui tomado por uma grande decepção ao chegar à esquina e não ver nem a velha nem seu caixote de madeira. Eu estivera naquele local havia menos de dez minutos. Se nem ela nem os outros ciganos estavam ali, tampouco poderiam ter ido longe.

Olhei para cima e para baixo do ponto onde me encontrava, perscrutando a multidão que passava, agora em volume ainda maior. Defronte à esquina, do outro lado da Rambla, havia um bar com mesinhas na calçada. A Rambla não deve ter mais que vinte metros de largura. Certamente alguém naquele bar teria visto a cigana, podendo me indicar que direção ela tomara.

Perguntei a um grupo de amigos. Disseram não ter visto mulher alguma sentada em caixote, mas logo explicaram que haviam chegado naquele instante e acabavam de se sentar.

Na mesa ao lado havia duas senhoras de meia-idade, que me chamaram ao ouvirem minha pergunta. Eram muito parecidas. Deviam ser irmãs, talvez gêmeas. O único traço distintivo era que, enquanto uma tinha os cabelos pintados de louro, a outra os tinha ruivos.

Sim, disseram, elas haviam visto, na esquina defronte ao bar, uma cigana sentada em um caixote. Haviam me visto também, quando eu falava com a cigana. Disseram que logo em seguida ela pegou seu caixote, pediu dinheiro a elas e desceu a Rambla atrás de mim.

As senhoras perguntaram o que eu queria com a cigana. Contei que ela lera minha mão e fizera previsões tão acertadas, que resolvi voltar para fazer mais perguntas. As duas se entreolharam por alguns instantes, em um silêncio constrangido. Em seguida uma delas disse:

— Agora que está explicando, ficamos aliviadas. Sabe que até pensamos em ir atrás de você? Que por pouco não chamamos a polícia?

— Chamar a polícia? Para mim? — indaguei, sem compreender.

As senhoras se olharam novamente, embaraçadas, e chamando-me mais para perto, uma delas falou baixinho, cuidando para que os outros fregueses do bar não ouvissem:

— Desculpe, mas é que quando o vimos, um homem, um adulto, conversando tanto com uma criança, pegando-lhe a mão, dando dinheiro...

A outra continuou:

— Quando ela veio à nossa mesa, até perguntamos se você não a estava incomodando. Ela garantiu que não, mas depois, quando desceu a Rambla correndo, atrás de você, achamos que... Bem... Que combinara algo com ela.

— Desculpe nossa sinceridade, mas é que a pedofilia é uma praga em Barcelona. Aliás, no mundo, infelizmente. Que tempos! — tornou a primeira. — Não sabíamos que a menina lia mãos. As nossas ela não se ofereceu para ler. E olhe que lhe demos uns bons trocados! É que tivemos muita pena. Tão pequena e já sozinha no mundo...

Comecei a rir e as corrigi:

— Não, as senhoras estão enganadas. A criança que lhes pediu dinheiro não é a pessoa com quem eu estava falando. Esta era uma senhora muito idosa, de cabelos brancos, devia ter uns noventa anos.

Apontei mais uma vez para o local onde a cigana estivera sentada.

— Era ali que nós estávamos. Bem ali.

— Pois então! — exclamou a ruiva. — Exatamente onde estava a menina. Sentada em um caixote, conversando com você.

Ou aquelas senhoras enxergavam muito mal, ou se confundiam. Fiz outra pergunta:

— Por acaso não viram, um pouco mais para baixo, um grupo de ciganos, cantando e dançando?

— Não — respondeu a loura, penalizada. — A menina estava sozinha. Que tristeza! Tão novinha e sozinha! Por causa do olho!

— Não diga besteiras — censurou a outra.

— Olho? — perguntei, lembrando-me da velha.

— Não é besteira! — retrucou a senhora à irmã. Depois, voltando-se para mim: — A criança era cega de um olho. Um de seus olhos era todo branco. Quando lhe dei as moedas ela as olhou muito de perto, com o olho são, tão de perto que creio que mesmo o olho que parece normal não enxerga muito. Por isso ela estava só.

Em tom secreto, continuou:

—Os ciganos não cuidam de seus deficientes. Abandonam-nos, ou até pior... Por isso ela estava só. Foi rejeitada pelos seus.

A ruiva não se conteve e ralhou com a irmã:

— Que preconceito, criatura! De onde você tirou tal absurdo?

— Não é preconceito! Vi na televisão!

— Ah, mas só podia mesmo. E desde quando metade do que falam na televisão é verdade?

— Foi na Tele5, é um canal sério!

Afastei-me, enquanto as duas pararam de discutir sobre televisão e começaram a sussurrar. Certas de que eu não as ouvia, uma delas disse:

— Pobre rapaz... Sonhando acordado. É assim que as pessoas ficam loucas.

Meu *status* subira, com aquelas senhoras, de pedófilo a louco.

Na verdade, eu tinha uma vaga sensação de que o mundo é que enlouquecera, ou ao menos saíra um pouco dos eixos.

Como as duas irmãs puderam confundir uma anciã quase centenária, de cabelos brancos, desdentada, curva e encarquilhada, com uma criança? Se enxergassem tão mal assim não teriam percebido o olho branco nem o modo como a cigana revirava as moedas diante do olho normal, exatamente como fizera comigo.

Causava-me espanto também a rapidez com que, em menos de dez minutos, todos haviam desaparecido: não só a velha, arrastando seu caixote, mas o grupo inteiro de ciganos. Era difícil imaginar que em tão pouco tempo uma mulher de idade avançada, arrastando um caixote de madeira e abrindo caminho entre aquela multidão compacta pudesse ter ido longe. Muito menos *correr* atrás de mim, como afirmaram as senhoras. Era evidente que aquela velhinha era incapaz de correr. E se realmente tivesse me seguido, eu teria cruzado com ela na volta.

Perambulei pelas Ramblas, do porto à Plaça Catalunya, por cerca de uma hora.

Depois desci ao *Maremagnum* e lá, sentado em um bar, passei mais um tempo pensativo, tentando assimilar o que se passara naquela noite.

Quando subi outra vez as Ramblas para voltar ao meu apartamento, que ficava duas quadras além da esquina onde se dera o encontro com a cigana, tive ainda um fio de esperança de encontrá-la. Mas isso não aconteceu.

Fora a primeira e última vez durante aquela viagem que encontrei ciganos em Barcelona.

• • • • •

Parece que há mistérios que desejam ou podem ser revelados e outros que, por certas consequências que poderiam trazer — talvez o caos ou o infortúnio —, devem continuar sob o véu de nossa ignorância.

Achei que deveria, portanto, esquecer o mistério da cigana e me contentar com a revelação que ela fizera, o que em primeiro lugar não era pouca coisa e, em segundo, correlacionava-se com exatidão ao sonho que eu tivera meses antes, o de minha lápide marcando o ano de 2064.

E assim me conformo em não saber que fim levou a cigana, se era velha ou criança, se era de Barcelona ou da Serra Morena, se era de carne e osso ou uma aparição.

O que me foi revelado é de importância muito maior: saber até que ano viverei, e de acordo com essa informação, programar-me com calma e método para tudo que considero ser minha missão durante este meu corrente ciclo de vida.

Tamanha é minha confiança nesta profecia, composta de um sonho, uma data, uma vidência e a sincronicidade unindo todos esses elementos e os confirmando, que não temo dizer o seguinte — se eu não viver até 2064, podem queimar tudo o que escrevi. E se eu passar de 2064, podem queimar a mim.

MISSÃO E INTOLERÂNCIA

Poucas pessoas são capazes de expressar claramente uma opinião diferente dos preconceitos de seu meio.
A maioria é incapaz até mesmo de chegar
a formular tais opiniões.
(Albert Einstein)

Toda verdade passa por três estágios. Primeiro é ridicularizada.
Depois sofre violenta oposição.
Por fim, é aceita como autoevidente.
(Arthur Schopenhauer)

Apenas com a prática constante não se perde o que se aprendeu.
(Plínio, o Jovem)

Íside permanecera quase um mês sem me visitar depois de dar suas opiniões sobre a grande ameaça.

Eu havia decidido escrever sobre tudo o que Íside me levara a relembrar: desde os sonhos que eu esquecera e a responsabilidade que eu deveria ter em relação a eles até o reconhecimento, ainda que tardio, da importância de certos encontros, como o visitante da Casa do Sol e a cigana de Barcelona.

Escrever seria uma maneira não apenas de compartilhar, mas também de nunca mais esquecer. E, sobretudo, de agir.

Deveria incluir entre meus escritos as visões de tragédias relacionadas ao sítio, e a falsa atribuição que eu lhes dera a uma ilusória revolta da Natureza. Incluiria o sonho da estátua de sal e os sonhos dos grandes grupos de pessoas. Não podia também deixar de dar o devido crédito a minha avó por ter sido meu canal de contato com Íside e contar algo sobre seu belo processo de aprendizado.

Deveria incluir, sobretudo, as circunstâncias que haviam me impedido de relembrar tantos sinais e tantas visões: a perda de alguns alqueires de terra aos quais eu havia agregado exagerado valor emocional e para os quais drenara todas as minhas energias psíquicas durante três ou quatro anos. O apego, sobre o qual tanto me alertara o visitante da Casa do Sol! Ele chegara a ser específico, mencionara terras, mas eu simplesmente esquecera suas palavras. Se eu lhe houvesse dado a devida atenção, não teria sofrido tanto dez anos mais tarde. Amor, missão, desapego. Há dez anos o visitante já me dissera tudo que eu precisava saber. Mas fui negligente e Íside teve que vir me ajudar.

Era sobre isso, mais ou menos, que pensava escrever, e para tanto, fazia anotações durante a madrugada.

De certa maneira, eu via todo o processo que citei acima como uma reação em cascata atingindo meu passado e de lá resgatando sinais e visões.

Tal reação me levou, em primeiro lugar, ao resgate dos sonhos dos grandes grupos. Estes, em seguida, redespertaram meu senso de missão, o que por sua vez me trouxe a lembrança das mensagens do visitante e da cigana.

Transformar esse processo em um livro me pareceu uma ideia muito apropriada, pois poderia oferecer algo de útil aos outros e ao meu próprio crescimento.

Enfim fui dormir, com as folhas que escrevera ao lado da cama. Na página de cima, eu tentara esquematizar, por meio de desenhos, sinais e palavras-chave, a tal reação em cascata, iniciada em 2007, esperando que tal esquema me ajudasse a organizar meus escritos, funcionando como uma espécie de roteiro.

Apaguei a luz e logo adormeci. Esta, pelo menos, foi minha sensação.

Pouco depois, no entanto, percebi que o quarto se iluminava. Vi que Íside, de pé junto à minha cama e banhada por uma luz azulada, observava meus rascunhos.

— Que interessante — disse ela. — Parece que você andou fazendo anotações sobre seus sonhos e visões. Até mesmo sobre sua missão, da qual já falamos algumas vezes.

— É verdade. Estive escrevendo um pouco — respondi.

— Sei também que pretende tornar público o que escreveu.

Assenti com a cabeça. Ela prosseguiu:

— Fico contente com sua decisão. Você merece meu apoio e encorajamento. Porém, fico imaginando se sabe dos riscos de sua decisão, e tento adivinhar qual seria sua resposta a uma reação negativa por parte de algumas pessoas.

— Esta é minha história e minha verdade — afirmei.

Entusiasmado, acrescentei:

— E também minha missão. Como a reação de certas pessoas poderia modificar isso?

— Se sua convicção for de fato muito grande, nada o desviará de seu caminho. Mas será mesmo?

Por alguns instantes, Íside me fitou fixamente, a estudar minha reação. Depois, falou:

— Você vive em um mundo muito materialista, onde tudo o que não é visível, palpável e contável é considerado por muitos uma fantasia, ou coisa pior. Há também, no seu mundo, um medo excessivo... Pavor a tudo o que é diferente. Estranho, não? É justamente em meio à diversidade que mais podemos aprender, e, no entanto, o homem ainda foge, em pânico, do que é diferente, chegando inclusive a abominá-lo às vezes! Quanto sangue já foi derramado por diferenças de ideias, de credos e mesmo de cor! Que grande resistência à evolução!

— Um dia isso terá que mudar — repliquei.

— Mudará — disse ela, com olhar distante, como se estivesse mensurando o quão longe estavam essas mudanças. — Você poderá trabalhar para isso.

— Eu? De que modo?

— Por meio de exemplos, de inspiração! Nada inspira tanto quanto um belo exemplo. Você é um dos poucos em seu mundo que conhece um dos exemplos mais poderosos que a humanidade jamais conheceu.

— Do que está falando? — indaguei, surpreso.

— Você saberá. Aliás, já sabe. No momento adequado, o poder de inspiração desse segredo vai lhe parecer claro como cristal. Mas há tempo para isso. O que eu dizia, enfim, era que se você pensa em expor ideias sobre coisas do espírito que podem parecer estranhas a certas pessoas, é bom estar preparado. Boa parte da humanidade repele aquilo que não enxerga ou com que não concorda. Esse rechaço pode ir do cinismo, do ridículo e do escárnio à mais acirrada intolerância, à aberta hostilidade.

— Não sou criança, Íside. Sei que o mundo é assim.

— Claro, você sabe. Sabe porque ouviu dizer. Mas ainda não sentiu na pele. Uma coisa é ouvir a história de Irene, aquela senhora da casa de repouso, pela boca da irmã dela. Outra bem diferente é passar pelo que ela passou durante todos aqueles anos apenas por *crer* diferente, pois no caso dela não era nem ser diferente, mas crer diferente.

— Sei disso.

— E sabe, também, se no lugar dela teria forças? Sustentaria sua crença e seu ideal, mesmo que lhe custasse tão caro quanto custou a Irene? Ponha-se no lugar daquela mulher e lembre-se que a qualquer momento ela poderia ter negado suas crenças. Por não tê-lo feito, foi praticamente sepultada em vida. Uma verdadeira mártir.

— Realmente — murmurei.

— E você? — inquiriu Íside. — Estaria disposto também a ser um mártir? Teria tal coragem? Pergunte a si mesmo e só responda quando estiver seguro de sua sinceridade. E lembre-se de que, embora muitas vezes se origine da ignorância e do medo ao novo e ao desconhecido, a arrogância do cético pode ser tão letal quanto o zelo do fanático. É necessário muito cuidado para não resvalar para nenhum dos dois extremos.

Ao me ver pensativo, Íside explicou:

— Não creia que não confio em suas boas intenções. Mas, neste caso, não pode haver dúvidas. O golpe que sai incerto já sai fraco. A ação gerada na dúvida é muitas vezes ineficaz.

Íside me deu as costas, dizendo ainda:

— Deixo-o agora só, com suas reflexões.

Em seguida, desapareceu.

Em seu lugar surgiu a imagem de uma jovem de cerca de dezoito anos, de beleza perturbadora, que sorria para mim. Onde eu já a vira antes?

Ah, sim! Era o retrato que pendia do lado da cama de Irene. A moça era Irene em sua juventude.

Com essa imagem muito nítida, quase gravada em minhas retinas, acordei.

Ainda na cama, sob as cobertas, passei a recordar, detalhe por detalhe, de tudo o que soubera sobre a vida daquela corajosa e desafortunada mulher.

IRENE

A ignorância é a mãe de todos os males.
(Platão)

Os pacientes parecem fantasmas cujos sonhos foram assassinados.
(Jill Johnston, jornalista norte-americano,
sobre a ala psiquiátrica de um hospital)

O princípio começou pelo final. A primeira lembrança de Irene que me veio à mente foi o momento em que recebi a notícia de sua morte.

Eu estava em casa, acordara havia pouco. Tocou o telefone, fui atender.

A voz é de uma enfermeira que trabalha em uma casa de repouso, e sinto certa tristeza em seu tom quando ela me informa:

— Dona Irene acabou de falecer. Achei que você deveria saber, pois sempre dava tanta atenção a ela quando vinha aqui... O enterro é amanhã cedo, às nove, no cemitério da Consolação.

Como eu deveria viajar naquela mesma tarde, não foi possível comparecer ao enterro. Entretanto, por vários dias, pensei muito em Irene, não deixando jamais de me espantar com o que havia sido feito de sua vida, e do quanto o fato de possuir certas peculiaridades pode ser incompreendido e até perigoso na sociedade em que vivemos.

Embora eu tenha, por diversas vezes, testemunhado pessoas tentando classificar a violência cometida contra Irene como coisa de tempos passados, de uma época mais obscura, intolerante e opressora, sei que ainda hoje não seria impossível que algo semelhante ocorresse.

Portanto, incluí a história dessa mulher, tão especial e tão incompreendida, neste livro, na esperança de que sirva como exemplo e sobretudo como alerta, do quão devastadores podem ser os efeitos da ignorância e da intolerância, e da letal combinação desses dois sentimentos perniciosos.

•••••

À medida que se vão passando os anos, tornam-se cada vez mais frequentes para mim os diversos fenômenos de que trata não só este livro, mas também aqueles sobre os quais escrevi anteriormente, desde as visões do futuro e do passado ao contato com pessoas que já passaram para o outro plano.

Justamente por tais manifestações hoje em dia parecerem a mim tão naturais é que tanto me impressionou a história de Irene.

Conheci Irene em uma casa de repouso. Era um casarão antigo, situado em uma cidade a poucos quilômetros de São Paulo. Havia, nessa casa, uma senhora conhecida minha, a quem eu ia visitar e fazer companhia às vezes.

Embora fosse um local amplo e com dezenas de cômodos, não havia mais que vinte idosos residindo ali, de modo que em pouco tempo conheci todos, e passei a dividir entre eles a atenção que antes dava exclusivamente à senhora que mencionei.

Alguns quartos eram compartilhados por duas ou três pessoas, mas Irene tinha um cômodo só para ela. Tinha por volta de oitenta anos e vivia ali há mais de dez. Fora levada para lá por um sobrinho que, apesar de mandar dinheiro todo mês, jamais voltara ao casarão onde deixara a tia.

A única pessoa que a visitava era uma irmã que morava em São Paulo, e mesmo assim raramente, pois ainda que fosse vários anos mais jovem que Irene, tinha inúmeros problemas de saúde, sendo-lhe bastante penosa a viagem de cinquenta ou sessenta quilômetros que fazia sempre de táxi.

Foi por meio dessa irmã que conheci a vida de Irene, pois esta jamais se comunicara com alguém desde que chegara ao casarão.

A irmã contava que Irene fora diagnosticada com esquizofrenia várias décadas antes e que passara a maior parte de sua vida em instituições psiquiátricas. Sua primeira crise fora aos vinte anos. Portanto, segundo a irmã, que se chamava Ilara, Irene não era considerada mentalmente sã havia uns sessenta anos.

Apesar de sua aparente alienação em relação ao mundo externo, seu quarto era repleto de objetos pessoais, a maioria de sua juventude, dos tempos em que ainda a julgavam lúcida e normal.

Em uma parede junto à cama pendia um grande retrato dela aos dezoito anos. De tudo o que havia naquele casarão, era esse retrato o objeto que mais me impressionava. A moça que se via nele era de uma beleza exuberante, extraordinária até mesmo para padrões de Hollywood. O contraste entre passado e presente era assombroso, mas não se devia apenas à velhice.

Algo de muito anormal se somara às implacáveis marcas do passar do tempo, algo tão estranho que não podia nem mesmo ser creditado à suposta esquizofrenia. Era quase impossível traçar uma correspondência entre as feições do retrato e as daquela triste anciã.

A única semelhança estava nos cabelos, muito volumosos no retrato, descendo pelos ombros numa cascata de ondas negras, e também bastos e compridos naquela frágil e diminuta velhinha, que parecia ter se reduzido ao tamanho de uma criança de dez ou onze anos.

Um acidente vascular retorcera suas mãos e punhos como garras, e ela as trazia rigidamente encolhidas junto ao peito, num gesto que parecia uma tentativa de defesa contra aquele mundo que seus olhos foscos e enevoados não mais enxergavam. Não creio que chegasse a pesar quarenta quilos.

Mas os cabelos, como eu dizia, sempre penteados para trás, alvos como algodão agora, ainda se ondulavam suavemente, fazendo uma moldura toda branca àquele rosto que parecia ter sido encolhido por algum macabro processo, rosto sem vida e sem expressão. O olhar baço fitava um ponto aleatório e distante, como se estivesse a observar algo situado além da parede. A boca, que ao sorrir no retrato exibia duas fileiras de dentes muito brancos e perfeitamente simétricos, já não possuía nenhum deles na anciã.

— Perdeu-os todos muito cedo — explicara a irmã. — Por causa das sessões de eletrochoques. Mesmo com a proteção de borracha, os dentes não aguentavam, os maxilares se contraíam demais. Alguns pacientes chegavam até a fraturar ossos durante as contrações musculares.

Não era meramente a juventude que se esvaíra da moça do retrato. Era a própria vida. Um cadáver não pareceria mais destituído de vida, e apenas pelas expansões débeis, mas constantes do tórax esquelético é que se podia notar que não se estava diante de uma morta.

Por quais suplícios haveria passado aquela mulher para estar reduzida a tal estado?

Apesar de nunca receber resposta ou sinal algum de que ela percebesse minha presença, frequentemente eu falava com ela. Pensava que talvez, nas profundezas daquele invólucro inerte de ossos e pele engelhada, houvesse ainda algo de um ser humano.

Certo dia, fazendo minha visita mensal, escutei vozes vindas de seu quarto. Pensei que fosse a irmã de Irene ou uma das enfermeiras. A irmã, de fato, estava lá, mas não era ela quem falava. Era Irene. Ao me aproximar, percebi que com a voz baixa e rouca de quem perdera há muito o hábito da fala, ela declamava um poema, muito bonito tanto em forma como em conteúdo. Tão bonito, aliás, que sugeri à irmã que aquilo deveria ser anotado, prontificando-me a pegar papel e caneta.

— Não se incomode em ter esse trabalho — respondeu Ilara. — Esses poemas já estão todos escritos. Há livros e mais livros cheios deles.

— É mesmo? — perguntei, curioso. — E de quem são?

— Quem pode saber? — disse Ilara, pousando na irmã um olhar enigmático. — Talvez sejam dela mesma. Mas me entristece ouvi-los, pois foi assim que começou sua loucura.

— Loucura, por quê? — indaguei, sem compreender. — Uns versos tão bonitos!

Com um suspiro, e voltando para mim o olhar cheio de tristeza, Ilara começou a contar a história da irmã.

— Aos dezoito anos, Irene começou a escrever poesia. Primeiro só escrevia, depois começou também a declamar. Então algo estranho começou a acontecer. Até hoje sofro quando me lembro.

A expressão melancólica de Ilara deu lugar a um ríctus de dor, enquanto Irene repetia pela quarta ou quinta vez a mesma estrofe do poema.

— Nosso avô materno foi poeta — prosseguiu Ilara. — Foi até bem conhecido em seu tempo. Quando Irene começou a escrever poesias, achamos que tinha herdado seu talento.

— E o que havia de estranho nisso?

— No início, nada. Mas, depois de alguns meses, Irene passou a afirmar que era nosso avô, falecido havia décadas, quem escrevia as poesias por meio dela. Com o tempo foi ficando cada vez mais arrebatada por essa ideia. Declamava com voz grossa, de homem, e dizia se chamar Augusto, que era o nome de nosso avô. Você pode imaginar como nossos pais ficaram preocupados com essas manifestações. Sem contar que era muito embaraçoso para eles, pois Irene por várias vezes inventou de "se transformar" em nosso avô em ocasiões em que havia visitas. Nossos pais eram gente muito católica e muito ciosos de sua posição na sociedade. Papai chegou a ser o segundo maior produtor paulista de café, mas essa era apenas uma de suas inúmeras fontes de renda. Com a prosperidade veio a participação na alta sociedade. Vivíamos em um casarão na Avenida Higienópolis, no tempo em que ainda não havia um único prédio ali, só casas. Papai recebia muito, era um sem-fim de jantares, festas e saraus. Recebíamos políticos, artistas, donos de jornal... O Assis Chateaubriand vivia lá, era praticamente nosso vizinho, uma de suas mansões ficava no Pacaembu. Aparências eram tudo para meu pai. E de repente, aparecia minha irmã e se postava em meio aos convidados, bradando poemas, comportando-se como homem e dizendo que seu nome era Augusto! Imagine o espanto dos convidados e o constrangimento de meus pais.

— Imagino. Mas as poesias... eram parecidas?

A essa pergunta, Ilara respondeu com olhar arregalado e perplexidade na voz:

— Pois é o mais estranho de tudo... Um dia apareceu lá em casa um amigo de nosso avô, já bem velhinho, mas que se lembrava muito bem de suas poesias. Pois olhe: assim que Irene começou a declamar, ele logo disse: "Este poema é de Augusto, não é? Deve ser inédito, pois os conheço todos de cor, mas este nunca ouvi... O estilo é inconfundível. É certamente de Augusto". Acontece que naquele dia Irene não mencionara o nome de nosso avô. Mamãe teve então a ideia de ir buscar um caderno onde Irene anotava as poesias e o mostrou a esse senhor. Enquanto folheava o caderno, ele dizia: "É puro Augusto! Inconfundível! O estilo, as rimas, a escolha das palavras... E a letra! A letra pequena e inclinada, grandes espaços entre as palavras, o jeito de cruzar os 'T's... É a letra dele". Depois o senhor se virou para minha mãe e disse: "Mas, que estranho! Eu nunca os li. Por que ele não os teria mostrado a mim? Por que não foram publicados?"

Ilara baixou a voz e olhou em redor, como se tivesse receio do que ia dizer.

— Tudo, enfim, apontava para uma conexão legítima, mas inexplicável para nós, entre nosso avô e Irene. Meu pai, no entanto, nem cogitava aceitar qualquer possibilidade de mediunidade, tanto por ser católico fervoroso como pela preocupação com sua posição na sociedade, que era muito conservadora. Tenha em mente que falo dos anos 1930. Lembro-me de uma discussão, certa noite, entre meu pai e minha mãe...

Nesse momento os olhos de Ilara se encheram de lágrimas e ela teve que fazer uma pausa. Quando prosseguiu, tinha a voz trêmula e incerta:

— "E se for verdade?", perguntava mamãe. Meu pai estava muito agitado e acompanhava seus brados de batidas furiosas de suas botas contra o chão. Toda a casa parecia tremer. "Nervos, Júlia!", gritava ele. "Tudo isso se origina dos nervos doentes de Irene!" Em tom ameaçador, disse: "Não hei de ver minha filha perder a razão sem fazer nada, de braços cruzados! Não, senhora! A partir de hoje Irene não sai do quarto. A única visita permitida será a de Frei Constantino. Muita oração, muito jejum e a orientação de um homem de Deus. Ela não necessita de nada mais do que isso — um pouco de orientação. Quero amanhã cedo, aqui, Frei Constantino!"

— E quem era esse frei?

— Ah... Frei Constantino era o "padre de casa". Casara papai e mamãe e batizara todos os filhos. Era um ídolo, um santo para nosso pai. Um velhinho pequenino, magrinho, mas que de frágil só tinha a aparência. Rígido, disciplinador... Adorava aplicar um castigo. Era a favor dos jejuns prolongados para "amansar as inquietudes", como dizia. Um coração de pedra, um verdadeiro Torquemada. Irene sofreu muito entre seu isolamento no quarto e os castigos e jejuns que Frei Constantino impunha.

— Dona Ilara — interrompi. — Desculpe-me se pareço inconveniente, mas sua mãe não tomava partido?

— Mamãe? Coitada! Ela bem que tentava! Mas naquele tempo o marido era o todo-poderoso, acima dele só Deus. Mesmo assim, minha mãe sabia muito bem quanta comida ia e voltava do quarto de Irene, e se o jejum se estendia muito, ela ia falar com o frei, aflita: "Frei Constantino, já são dois dias sem comer nada... Isso não pode fazer mal?" O religioso se empertigava todo e respondia com um sorrisinho: "Oh, Dona Júlia... Mas que pouca fé! Não fica nem bem à senhora. Deus sabe o que faz, e o jejum é sempre muito útil. Se o corpo padece um pouco, a alma redobra suas forças!" "Amém, frei!", ajuntava mamãe, torcendo as mãos de preocupação.

— E que castigos o frei aplicava?

— Ah, castigos de gente antiga — respondeu Ilara, lançando à irmã um olhar cheio de compaixão. — Ajoelhar sobre o milho até ficar com os joelhos esfolados, em carne viva, mesmo. Comer sal puro, às colheradas, toda a vez que vinha a vontade de dizer versos...

— Meu Deus! — exclamei.

— O frei também gostava muito da palmatória — prosseguiu Ilara. — Usava a palmatória de cinco furos, com que se castigavam presidiários na época. Eram palmadas e mais palmadas, até que ela dissesse que os versos não eram do avô Augusto, que ela que os havia inventado. Isso em geral só acontecia quando suas mãos já estavam empoladas de sangue.

— Mas como ela se submetia a tais violências? — perguntei, escandalizado.

— É que os castigos de nosso pai podiam ser ainda piores. E depois, havia o medo de ser mandada para um asilo de loucos, ameaça com que papai sempre a aterrorizava. E que infelizmente acabou cumprindo.

— E como foi isso?

— Como você pode calcular, a orientação de Frei Constantino só piorou a situação. Eu pedia a ela, através da porta, que não escrevesse mais versos, que dissesse que inventara toda a história, só para se livrar dos castigos e da reclusão. Mas Irene não sabia mentir. E depois, essa estranha comunicação com o avô Augusto parecia ser mais forte do que ela. Quando vinham os poemas, ela *tinha* que dizê-los ou anotá-los. Papai fazia questão de que ela sempre tivesse à disposição lápis e papel. Ele achava que se Irene não escrevesse por falta de material, jamais poderia ter a certeza de que ela vencera a mania e que estava curada. E todas as manhãs, quando o frei ia conferir, eram dez, doze, quinze novas páginas de poemas... Mas um dia, até mesmo Frei Constantino se cansou. Acho que enjoou dos castigos e jejuns. Após quase um ano, deve ter perdido a graça para ele. Ou então deve ter pensado que, conforme o tempo passava e Irene continuava irredutível, ele estaria perdendo prestígio junto a meu pai.

— E então desistiu?

— Sim. Pediu que meu pai o dispensasse de tal tarefa. Certa manhã, o frei chegou à nossa casa, e em vez de se dirigir diretamente ao quarto de Irene, como era usual, foi ao escritório de papai. Mamãe estava lá e me contou a cena. "Senhor Silas, lavo minhas mãos", disse o frei. "A malícia e a teimosia de sua filha estão acima de minhas forças. O caso é grave demais para mim. Não sou exorcista, e nem mesmo sei se ainda existem. Libere-me desse fardo, se faz favor. Está até me fazendo mal à saúde, que já não é grande coisa na minha idade". De fato, dizia-se que Frei Constantino tinha mais de noventa anos de idade, apesar de ninguém saber com exatidão. Meu pai, vendo que não seria a religião que acalmaria os nervos de Irene, pensou na alternativa: a ciência.

— O asilo de loucos? — indaguei.

— Não exatamente. Meu pai dizia "asilo de loucos" mais para atemorizá-la, pois já naquela época se começava a tratar os doentes mentais com um mínimo de humanidade, embora não muita. "Asilos de loucos" eram depósitos de pessoas que nem sempre estavam loucas, para onde iam apenas os mais pobres. Para alguém de nossas condições financeiras já havia clínicas um pouco mais exclusivas. Mas os métodos de "cura" não eram muito diferentes.

— Então, em sua opinião, Irene não sofria de nenhuma enfermidade mental?

— Não — replicou Ilara, com convicção. — Os tratamentos é que a deixaram assim.

— Na clínica?

— *Nas clínicas* — frisou ela. — Irene esteve em várias. Depois da primeira internação, que durou seis meses, nunca mais foi a mesma. Cada vez passava mais tempo nas clínicas e menos em casa. Quando papai faleceu, em 1956, deixou como responsável por Irene nosso irmão mais velho, que mais por comodismo que por qualquer outro motivo, continuou a mandá-la, por períodos cada vez mais longos, para tais instituições. Vinte anos depois, por ocasião da morte desse nosso irmão, foi designado um de seus filhos como responsável, que a colocou aqui há dez anos.

— Perdoe-me a senhora, mas pelo que conta isso foi praticamente um crime. Foi como se a tivessem enterrado viva.

— *Enterrada viva...* — repetiu ela, pensativa. — É uma definição bastante próxima. Ainda mais se você a houvesse conhecido quando era moça. Você se impressiona com aquele retrato, mas ele não diz tudo. Não mostra o brilho dos olhos, a melodia da voz, a alegria do sorriso... Ela era tão cheia de vida!

Nesse momento Ilara olhou para o retrato e rompeu em soluços:

— Eu me culpo tanto! Sinto tanto por não ter sido capaz de pôr um fim a toda essa sequência de abusos e de ignorância. No início não, porque eu era muito nova, era uma criança, tinha muito medo de nosso pai. Mas depois... Não me perdoo por ter deixado tudo isso acontecer a Irene, não compreendo... Talvez eu tenha ficado aterrorizada demais com o desastre que foi na única vez em que alguém tentou mudar as coisas.

— Então alguém tentou?

— Sim — respondeu ela, tirando da bolsa um lenço para secar as lágrimas. — Nós que éramos da família não tivemos coragem; mas ele, que nem era parente, tentou... E pagou caro por isso.

— Ele quem?

— Um rapaz que amava Irene, e pelo qual ela também era apaixonada. Chamava-se André. Apesar de sermos vizinhos, sua família não tinha nem uma fração do dinheiro e do prestígio social de que a nossa desfrutava. Por isso papai era contra qualquer contato entre os dois. O namoro, se é que se pode chamar assim algo tão inocente e ao mesmo tempo tão proibido, era às escondidas. Resumia-se a bilhetinhos e a olhares trocados disfarçadamente quando André, ao horário combinado, vinha passear na avenida e passava em frente à janela de Irene. Isso, claro, foi antes de sua reclusão e das visitas diárias e intermináveis de Frei Constantino. Eu era a portadora dos bilhetes e sentia uma emoção enorme com essa cumplicidade proibida.

Com uma ponta do cachecol que trazia enrolado ao pescoço, Ilara enxugou os cantos dos olhos. Depois prosseguiu:

— Quando André soube do confinamento de Irene, juntou toda a sua coragem, e um dia esperou que meu pai saísse à rua para perguntar o porquê daquilo tudo. Papai, obviamente, ficou muito contrariado com tamanha audácia daquele moço. Eu via a cena pela janela da sala. Apesar de ser evidente o esforço de meu pai em não se alterar, ele estava vermelho e trêmulo de raiva. Sua voz, por mais que ele tentasse evitar, podia ser ouvida de longe, inclusive por nós que estávamos dentro de casa: "Quem é o senhor para questionar como educo minha filha? Se Irene quer desfrutar dos privilégios de uma pessoa normal, que se comporte como tal. Quanto ao senhor, não tive nenhum prazer em conhecê-lo, mas lhe dou um conselho, para seu próprio bem: jamais volte a se dirigir a mim ou a qualquer pessoa de minha casa". Mas André tinha a obstinação dos apaixonados, e por mais ameaçador que meu pai tenha parecido — pelo menos aos meus olhos — sua advertência não foi suficiente para mantê--lo afastado. André passou a vigiar a casa dia e noite, como se suspeitasse de que algo ruim estava para acontecer. O que ele não sabia era que também estava sendo vigiado.

— Vigiado? Por quem?

— Já lhe explico — replicou Ilara, fazendo um gesto para que eu esperasse, enquanto prosseguia:

— Tudo decorria da mania de meu pai de manter tudo sob seu controle. Tudo e todos. Pouco depois da recusa de Frei Constantino em continuar dando "orientação" a Irene, papai achou que só lhe restavam duas opções: ou mantê-la indefinida-mente reclusa em seu quarto, ou tentar o tratamento da época para doentes mentais. Ele ainda parecia indeciso quando os acontecimentos se precipitaram de modo a selar o destino não só de Irene, mas também de André.

— Que acontecimentos?

— André parecia estar antevendo os planos de papai para Irene. Suas cartas para ela começaram a ficar mais breves, porém mais frequentes. Irene sempre as respondia. Seu contato com o mundo exterior se resumia a essas cartas. Eu continuava sendo a mensageira e tinha que tomar mais cuidado do que nunca, pois uma das arrumadeiras de casa passara a me seguir todas as vezes que me dirigia ao local combinado, onde André me entre-gava as cartas.

— Era essa a espiã?

— Sim. Era como um cão perdigueiro, farejava-me de longe. Parecia ter um sexto sentido, sempre sabia para onde eu ia ou de onde vinha. Seguia-me à distância, acobertando--se detrás de muros e árvores, certa de que eu não percebia. Contei a André que estávamos sendo vigiados e por três vezes mudamos o local de nosso encontro, embora eu permanecesse com a sensação do olhar da arrumadeira em cima de mim.

Os olhos da velha senhora tiveram uma cintilação de terror, como se revivesse naquele momento o medo que sentira em menina.

— Certo dia, não tendo outra pessoa com quem compartilhar minha angústia, contei a André uma conversa que ouvira de papai, ao telefone, e que me alarmara muito. Pareceu-me que ele conversava com um médico, talvez um psiquiatra ou *alienista*, como muitos ainda os chamavam à época. Pareciam estar planejando a remoção de Irene a uma clínica. Lembro-me de palavras que me aterrorizaram. Falaram em eletrochoques e até em lobotomia.

Balancei a cabeça ao ouvi-la mencionar o cruento procedimento cirúrgico que transformava pessoas em verdadeiros zumbis. Ela continuou:

— Ao escutar meu relato, André pareceu agitado. Pediu que eu fosse ao nosso local na manhã seguinte, pois deveria entregar a Irene um bilhete da maior importância. No outro dia, lá estava ele, pálido, com o olhar de quem passara a noite em claro. Suas mãos tremiam quando me entregou um envelope, o qual minutos depois eu passava por debaixo da porta de Irene, dando três batidas de leve para avisá-la. Nunca li nenhuma das mensagens, mas intuí que aquela era muito importante. Ao voltar à sala, vi que a arrumadeira me olhava com um sorriso cínico. Ela limpava o quarto de Irene todas as tardes, e ao ver sua expressão maliciosa, pensei em subir novamente e tentar avisar Irene que tivesse cuidado. Não sei por que não o fiz. Talvez por medo ou por achar que atrairia ainda mais atenções.

Ilara fechou os olhos por um instante, concentrando-se nas lembranças.

— Naquela noite, acordei com gritos. Gritos de meu pai, gritos de outro homem, gritos de Irene. Lembro-me da polícia chegando. André foi arrastado por dois policiais escadaria abaixo. Não entendi como ele conseguira entrar em casa e subir ao segundo andar sem passar pela porta, sempre trancada à noite. Mas os policiais descobriram uma corda atada ao peitoril da janela de Irene. Meu pai sabia do plano de antemão, alertado por sua espiã. Seu objetivo era esperar que André agisse e só então chamar a polícia, que daria o flagrante. Meu pai sabia das cartas, e assim que André foi agarrado pelos policiais, ele se esgueirou por trás do armário de Irene e de lá tirou uma caixa de madeira, na qual ela escondia a correspondência. A arrumadeira fizera à perfeição seu trabalho sujo e seu rosto brilhava de excitação ao ver os resultados.

— Na certa os resultados também apareceram em seu bolso — comentei.

— Ah, seguramente. Papai comprava a todos. Mas, enfim... André foi preso, não sei sob qual acusação. Tentativa de roubo, de sequestro, invasão a domicílio... Não me lembro. Papai foi muito generoso com a polícia, que tomaria tudo o que ele dissesse como absoluta verdade. Além disso, ele tinha as cartas para comprovar o plano. "A premeditação de ave de rapina, a malícia e os métodos indecentes de persuasão", conforme alardeou à polícia, que André usara para raptar aquele "símbolo de vulnerabilidade": uma moça doente dos nervos.

— Seu pai sabia ser persuasivo — observei, sem admiração por aquele homem.

— Mais do que você imagina — retorquiu Ilara. — Em segredo, ele começou a manter contato com o pai de André após a prisão. A mãe falecera anos antes e o pai se casara em segundas núpcias com uma mulher que não parecia nem um pouco interessada no destino do rapaz.

— Por que esse contato?

— Papai achava que a prisão não era suficiente. Sabia que, por mais influência que tivesse, não conseguiria manter André preso para sempre. Ele via o moço como uma eterna ameaça a Irene. Hoje, quando olho para trás, penso que papai sofria de uma grave paranoia. Sua ideia era remover André para sempre do caminho de Irene. Para isso serviram as cartas.

— Como?

— Havia, na caixa encontrada por papai, correspondência de mais de um ano entre Irene e André. Irene mencionara diversas vezes o fenômeno dos versos: o espírito do avô Augusto tomando seu corpo e sua mente, escrevendo poesias por meio de sua mão. André, nas cartas, mostrava interesse pelo assunto e acreditava plenamente na versão de Irene.

— Mas de que modo seu pai usou as cartas?

— Com elas convenceu o pai de André de que não apenas Irene, mas também o filho dele sofria dos nervos, pois se não fosse assim, como é que o rapaz poderia acreditar em tal absurdo? Meu pai afirmava que o que acontecera fora uma conjuntura infeliz: dois lunáticos haviam se apaixonado, atraídos pela própria morbidez de suas moléstias. Foram as palavras que usou. Segundo ele, era forçoso que André e Irene jamais voltassem a se encontrar. Papai frisou que ambos precisavam de tratamento e que Irene seria mandada a uma clínica nos próximos dias. Propôs um trato: retiraria as queixas contra André, desde que este fosse mandado imediatamente para tratamento dos nervos. Da prisão ao manicômio. Deu então o golpe de misericórdia: ofereceu-se para pagar todas as despesas de André, indefinidamente, por todo o período em que estivesse internado.

— A senhora era uma criança — observei.

— Sim, mas me lembro da conversa que tiveram. Deveria ser um encontro sigiloso. Mas, ao saber que a reunião aconteceria, escondi-me atrás da cortina da sala, que era grossa, de veludo, e escutei tudo. A madrasta, muito gananciosa, ao ouvir falar em internação logo interrompeu: "Mas, senhor Silas, André nos ajudava muito com seu trabalho. O pai, repare o senhor, já não é criança. Eu sou apenas uma mulher. Ouvi dizer que nesses locais para loucos, uma pessoa pode ficar a vida inteira. Nós não temos outros filhos. Como poderemos sobreviver sem a ajuda de nosso único rapaz? O tempo voa, daqui a dez ou quinze anos seremos dois velhos. A polícia diz que ele não ficará mais que oito anos na prisão, talvez saia até em cinco. Mas em um manicômio, quem pode dizer? Lunático ou não, eu e meu marido não podemos cometer a extravagância de dispensar a ajuda de nosso filho. Não me interprete mal, senhor Silas, concordo com o senhor. O melhor para André seria o tratamento. Concordo plenamente, ainda mais após essa ideia de raptar sua filha. Mas há a questão do dinheiro, meu senhor!" Papai então fez algo abominável: ofereceu uma mesada vitalícia para o casal. Não sei quem foi, daqueles três, o mais sórdido: a madrasta por insinuar um preço para o trato, meu pai por oferecer o dinheiro, ou o pai de André por aceitar, vendendo o filho por uma mesada!

— Mas talvez o pai acreditasse que o tratamento faria bem ao filho.

— Não creio que tenha sido o caso. Quando eles foram conduzidos à sala pelo mordomo, eu já estava escondida ali. Meu pai levou um ou dois minutos para descer. Durante esse tempo que o casal acreditou estar a sós, nem por um segundo a mulher parou de falar: "Seja qual for a proposta, aceite! Aceite, Tobias, só pode ser coisa boa. Tenho aqui minhas ideias e acho que o senhor Silas e eu estamos pensando igual. Aceite qualquer proposta, concorde em tudo. Com ele e comigo. Senão, amanhã faço minhas malas e você não vê mais minha cara!" O pai de André retrucou, num tom melancólico: "É meu filho, Rosália!", e ela insistia: "Pois escolha! Seu filho ou eu!", em voz baixa, porém autoritária. "O senhor Silas é um homem distinto. Quer apenas colocar um pouco de distância entre André e a filha dele, o que mostra que é bom pai. Até André pode se beneficiar do que ele oferecer. Tobias, seja o que for, aceite! Esse trato vai ser a salvação da lavoura! E se eu começar a falar, não interrompa". O senhor Tobias respondeu com um suspiro resignado. Quando meu pai vinha descendo as escadas, ainda a ouvi sussurrando: "Comporte-se. Depois não diga que não avisei!"

— E André saiu da prisão?

— Sim. Mas o trato não saiu como combinado. Uma das exigências de meu pai foi que André recebesse seu "tratamento" em outro Estado. Segundo a versão de meu pai, na prisão, determinaram que, mesmo que as queixas fossem retiradas, André não poderia ser transferido da prisão para uma clínica comum. Assim, ele foi mandado para o Manicômio Judiciário do Rio de Janeiro. Sinceramente, não sei até que ponto a ideia partiu de meu pai. O combinado era que ele fosse mandado para outro Estado, mas a ideia inicial era uma clínica particular. Nunca soube ao certo como ele foi parar no Manicômio Judiciário. Uma semana depois, Irene era levada de ambulância para uma clínica em Atibaia.

— E que fim levou André?

— Foi estranho. Conforme planejara meu pai, André jamais saiu do Manicômio Judiciário. Mas não que tenha ficado lá muito tempo. André sucumbiu a uma pneumonia, em 1942, apenas dois anos após seu ingresso no manicômio. A família dele logo ficou sabendo, meu pai também, mas não me contaram nada, muito menos a Irene. Em 1944, com o pretexto de visitar uma tia que morava em Copacabana, fui ao Rio, decidida a visitar André no manicômio. Foi um choque descobrir que ele havia falecido dois anos antes. Conversei com um enfermeiro, que me relatou cada detalhe dos últimos anos de André.

— O que ele contou?

— Ah... Coisas tristes... Muito tristes mesmo. Nem em seus últimos dias André perdeu a esperança de rever Irene, mas já não era a mesma pessoa. Após alguns meses convivendo apenas com doentes mentais e sendo tratado como um, sob fortes medicamentos e submetido a sessões de eletrochoques, parece que André realmente perdeu a razão. Talvez a realidade de sua situação tenha sido demais para ele, e a loucura tenha vindo como uma bênção.

— Era comum acontecer naquela época — observei. — A pessoa era internada normal e o tratamento é que a enlouquecia. Conheço casos assim.

— Foi o que mais tarde aconteceu com Irene. A internação forçada foi igualmente trágica para André e Irene. André teve que suportar menos tempo de tortura e morreu ainda com esperança, embora essa esperança fosse já baseada na insanidade.

Ilara levou a mão direita aos olhos, pressionando-os, como se quisesse apagar as imagens que sua memória resgatava. Após um suspiro, prosseguiu o relato.

— O enfermeiro contou que, após perder o juízo, André vivia pedindo dinheiro aos internos. Quando perguntavam para que, André respondia que era para comprar seus trajes de casamento. Dizia que tinha uma noiva o esperando em São Paulo e que só faltava comprar a roupa para fixarem a data da cerimônia. Tanto na lucidez como na loucura, André jamais desistiu de Irene. Assim foi até seu último suspiro, pelo que me contou o enfermeiro.

— Que triste.

— E isso não é tudo. A loucura não parou por aí. O pai de André, nos primeiros tempos, parecia ter aceitado com resignação a morte do filho. Depois de alguns anos, não sei se por desgosto, por remorso, ou pelas duas coisas, afundou na bebida. A partir de 1945 ou 1946 era impossível vê-lo sóbrio. Por essa época, começou com umas ideias que, apesar de vindas de um bêbado, causaram estrago à reputação de meu pai, especialmente na vizinhança.

— Ele acusava seu pai?

— Sim, graves acusações! Dizia para quem quisesse ouvir que meu pai mandara assassinar André dentro do manicômio. Para dar mais fundamento à sua suspeita, ele indagava, aos brados: "Como é que Febrônio está vivo e com saúde? Está lá há vinte anos e meu filho não durou nem dois!"

— Febrônio?

— Febrônio Índio do Brasil. Nunca ouviu falar? Foi o terror dos anos 20, um monstro. Matou um monte de crianças.

— E qual a ligação com André?

— Febrônio era interno do Manicômio Judiciário havia vários anos. Na verdade, era o mais antigo, o primeiro a ser ingressado no Manicômio Judiciário desde sua criação. O pai de André não se conformava que um maníaco como Febrônio estivesse há mais de vinte anos no manicômio, esbanjando saúde, e que seu filho não tivesse durado dois anos ali dentro.

— Dá para entender a desconfiança — comentei.

— Imagine se ele pudesse adivinhar que Febrônio passaria cinquenta e sete anos no Manicômio Judiciário! Morreu lá dentro, aos noventa anos. Mas para o senhor Tobias, já naquela época, vinte anos era muito tempo para Febrônio, que entrou no manicômio bem mais velho que André. O pai não acreditava que uma pneumonia matara André, mas sim que ele tinha sido assassinado por encomenda de meu pai.

— Seria possível? — indaguei, com cautela.

— Não havia necessidade. Eram delírios de um alcoólatra cheio de remorsos. Meu pai já havia conseguido o suficiente: Irene internada em uma clínica de Atibaia, André no Manicômio Judiciário do Rio de Janeiro. Que mais poderia querer?

Achei melhor mudar de assunto, mas Ilara se antecipou:

— Não que ele não fosse capaz. Um homem terrível, meu pai. Deus sabe que tento até hoje, mas, do fundo do coração, não consigo perdoá-lo. Nunca me casei, não tive filhos. Irene é minha única irmã. Tive outros irmãos, mas *irmã* só Irene. Éramos muito ligadas. Durante todos esses anos eu poderia ter tido em minha irmã uma grande companheira. Ao condenar Irene a uma vida de cativeiro e a tornar uma sombra do que fora, meu pai também me condenou a uma vida de solidão. Por isso, não consigo perdoá-lo nem pelo que fez a Irene, nem pelo que fez a mim. Tínhamos, como irmãs, uma afinidade incrível, embora ela seja oito anos mais velha.

Notava-se na voz de Ilara a emoção e a revolta recalcadas durante décadas quando ela declarou:

— Sua primeira internação foi há sessenta e dois anos. Há sessenta e dois anos fui privada de minha única irmã e melhor amiga.

Ao longo do relato, instintivamente olhei diversas vezes para Irene. Pareceu-me que seus olhos baços e fundos, porém sempre abertos, lacrimejaram em algumas passagens, em particular as que se referiam a André. Talvez tal percepção fosse apenas uma ilusão de minha mente, sensibilizada pela forte impressão que me causara o relato.

Quanto a Ilara, uma expressão amarga transformara seu rosto em uma máscara de rancor. Após instantes de um desconfortável silêncio, ela pediu, suplicou quase:

— Não falemos mais sobre isso. É muito penoso para mim pensar que tudo poderia ter sido diferente.

Poderia ter sido... Três palavras que pareciam um resumo da vida de Irene. Três palavras formando uma das frases mais tristes que pode pronunciar um ser humano.

•••••

Ao lembrar-me de Irene, compreendi o alerta de Íside ao afirmar que o orgulho do cético pode ser tão letal quanto o zelo do fanático.

Todavia, a essa altura eu já estava certo de que era meu dever fazer tudo ao meu alcance para evitar que um cenário como aquele do sonho da "grande ameaça" se tornasse um dia realidade.

Às vezes, tinha suspeitas quanto à efetividade de qualquer ação que eu pudesse tomar, instigar ou inspirar. No entanto, se não estava certo *do quanto* poderia fazer, sabia *o que deveria* fazer, e a essa tarefa me entregaria por completo. Faria tudo que pudesse inspirar no próximo uma nova maneira de ver o mundo. Falando, escrevendo, dando exemplos. Tinha diversos meios a meu dispor.

A história de Irene e o preço que ela pagara por crer diferente não me desanimavam — pelo contrário, inspiravam-me. Sentia que minha missão era meu caminho. Para não me desviar dele estava disposto a qualquer ousadia.

O que em alguns momentos me enchia de dúvidas era o que eu via como minha própria pequenez comparada às dimensões da tarefa diante de mim. Mas essas dúvidas eram sempre efêmeras. Bastava que eu mantivesse o foco em minha missão para que elas desaparecessem.

Além disso, eu identificara a que Íside se referia ao mencionar o poder da inspiração por meio do exemplo. Já sabia de que crianças ela falara e qual era o segredo do qual ela dizia ser eu um dos poucos guardiões no mundo.

Era uma história que, por motivos políticos, permanecera por várias décadas em segredo do mundo. Estranho é que tenha ficado, por período de tempo quase igual, em segredo dentro de minha própria família.

Em 1990, um velho diário foi encontrado no porão de uma casa na Áustria. A casa pertencera à minha bisavó. Nesse diário, constava a história do resgate de cerca de 12 mil crianças de campos de concentração na Croácia durante a Segunda Guerra Mundial. O mais extraordinário foi que minha bisavó agira praticamente sozinha.

Era a maior ação desse tipo de que se tem notícia na história da humanidade.

A partir de então, eu jamais poderia usar a desculpa de que uma pessoa sozinha não pode fazer a diferença.

Cada um de nós pode mudar o mundo.

O DIÁRIO DE DIANA - A HEROÍNA DOS BÁLCÃS

Aquele que deseja fazer o bem aos outros já o está fazendo a si mesmo.
(Confúcio)

A ação de Diana Budisavljevic, por sua dimensão, transformou-se em uma das operações mais complexas e sem dúvida uma das mais humanas realizadas em toda a Europa ocupada. Seu nome deveria estar em manuais escolares, dicionários e enciclopédias.
(Natasa Matausic, curadora do Museu Croata de História)

Será possível que centenas de milhares de vidas humanas nunca tenham sido inspiração para que alguém fizesse algo — produzir um filme, escrever um livro, ou algo similar? Talvez tenha sido por causa dos vários tabus envolvidos? Mas quem criou esses tabus? E por quê? Nós podemos apenas supor as respostas a essas questões.
(Dragoljub Ackovic, historiador e jornalista sérvio, a respeito dos campos de Jasenovac)

Eram onze horas da noite de quatro de junho de 1943. Apesar do verão que chegaria em menos de três semanas, um vento gélido ainda soprava sobre a estação central de trens de Zagreb, na Croácia.

Uma senhora de meia-idade acaba de ser detida pela Gestapo, a polícia secreta nazista, e está sendo interrogada. Sua baixa estatura, combinada à magreza e às marcadas olheiras, dá-lhe um aspecto frágil. Em nenhum momento, porém, ela demonstra nervosismo no confronto com os oficiais nazistas, embora saiba que sua vida corre perigo.

Três vagões de carga humana — homens, mulheres e crianças destinados a campos de concentração — haviam chegado à estação minutos antes. O alvo da curiosidade da Gestapo são os folhetos que a mulher distribuía aos prisioneiros através das frestas dos vagões.

Nos folhetos há instruções para aqueles que não sabem do paradeiro de seus parentes; abaixo das instruções sobre como e onde conseguir informações, está o endereço da própria senhora.

Há mais de dois anos ela se dedica a resgatar crianças dos campos de concentração da Croácia. São crianças sérvias, judias, muçulmanas, croatas e ciganas. Já salvou milhares delas e até o final da guerra, em 1945, terá resgatado cerca de 12 mil. É um feito único na história da humanidade, talvez comparável em dimensão apenas à ação de Oskar Schindler, cujo salvamento de 1.100 judeus daria origem, décadas depois, ao filme *A lista de Schindler,* produzido e dirigido por Steven Spielberg e vencedor de sete prêmios Oscar.

Oskar Schindler era um industrial rico, poderoso, com conexões na alta cúpula nazista. Ele próprio era membro do partido nazista.

Por outro lado, a senhora da estação de Zagreb é apenas uma dona de casa de classe média, sem amigos influentes, sem privilégios e com alguns problemas de saúde. Como terá conseguido salvar dez vezes mais vidas que o célebre Schindler?

A Gestapo não tem necessidade, obviamente, de perguntar seu nome ou endereço, pois esses dados já aparecem no folheto. Mas há outras perguntas, que a senhora vai respondendo com detalhes e tranquilidade.

Ela nasceu em Innsbruck, na Áustria, em 15 de janeiro de 1891, como Frida Diana Obexer. Ali conheceu o médico de origem sérvia Julio Budisavljevic, com quem se casou aos 26 anos. Em 1919, Julio foi convidado a ser professor de cirurgia na Universidade de Zagreb. O casal, com uma filha nascida no ano anterior, mudou-se para Zagreb, onde Julio passou a lecionar. Diana cuidava da casa e das duas filhas, a segunda nascida na Croácia em 1920.

A Primeira Guerra Mundial pouco mudara a rotina de Diana, permitindo não só seu casamento como também o nascimento de sua primogênita.

Já a Segunda Guerra seria uma história bem diferente.

Questionada sobre os motivos que a levaram a se envolver no destino dos prisioneiros de guerra, ela própria não tinha a resposta concreta que demandavam os oficiais nazistas.

— Apenas senti que deveria agir — respondeu.

— Deveria por quê? Teve algum parente levado para os campos? — perguntavam os incrédulos oficiais.

— Não. Mas decidi que não poderia ficar sem fazer nada diante do que estava acontecendo.

Os oficiais logo perderam o interesse pela mulher. Era provavelmente uma excêntrica sem mais o que fazer, porém inofensiva. Se fosse sérvia, ou mesmo croata, eles talvez a enfiassem nos mesmos vagões que partiam rumo aos campos de concentração. Mas como era austríaca, era melhor que a ignorassem. Mal desconfiavam da tenacidade e firmeza de propósitos daquela mulher e do quanto ela já havia realizado.

•••••

Foi em outubro de 1941 que Diana Budisavljevic soube pela primeira vez dos maus-tratos a que estavam sendo submetidas mulheres e crianças no campo de concentração de Loborgrad, um dos cinco que faziam parte do enorme complexo de campos que ficaria gravado como uma das páginas mais sangrentas da História, sob o nome de Jasenovac.

Imediatamente Diana resolveu que tinha que fazer algo.

Porém, somente após meses de insistência ela conseguiria, em fevereiro de 1942, autorização para uma visita ao campo de Loborgrad. Os nazistas, e suas marionetes croatas — os fanáticos *ustashe*[6] — estavam cegos por seus próprios preconceitos e nesse ponto residia a única vantagem daquela dona de casa austríaca. Os oficiais a considerava apenas uma curiosa, talvez um pouco desequilibrada. Não podiam conceber que uma mulher de "sangue puro e ariano", conterrânea de Hitler, estivesse realmente interessada em salvar prisioneiros de raças inferiores.

Pouco depois de sua visita a Loborgrad, Diana conseguiu um encontro com o arcebispo de Zagreb, Aloysius Stepinac[7], na esperança de persuadi-lo a ajudar as crianças detidas no campo. Mas o arcebispo, apesar de bem relacionado politicamente, não tinha nada a oferecer além de promessas vazias.

Tomando coragem, Diana fez o mesmo pedido, dias depois, ao Ministro do Interior do Estado Independente da Croácia, Andrija Artukovic.

---

6 Na língua servo-croata, *ustasha* significa rebelde ou revolucionário; *ustasha* é o singular, *ustashe* o plural.

7 Em 1946, Stepinac foi condenado a 16 anos de prisão por colaboração com os *ustashe* e cumplicidade na conversão forçada de sérvios ortodoxos ao catolicismo. Foi libertado após cumprir cinco anos de pena. Em 1998, numa decisão que causou polêmica, foi beatificado pelo papa João Paulo II.

Artukovic fora o responsável pela organização de exército *ustasha* e era o segundo no comando de todo o Estado Independente da Croácia, respondendo apenas ao líder supremo *ustasha*, Ante Pavelic. Usando a desculpa de que não dispunha da autoridade necessária para ajudar, o ministro Artukovic forneceu a Diana um número de telefone e disse que ela procurasse o comandante das Forças Armadas, Marechal Slavko Kvaternik.

Durante vários dias, Diana passou horas ao telefone na tentativa de contatar o marechal. Quando alguém finalmente se dispôs a falar com ela, foi para dizer que desistisse da ideia de salvar prisioneiros e que em caso de insistência ela também seria presa.

Mas Diana jamais se dava por vencida. Com o passar do tempo, os *ustashe* começariam a ver sua obstinação com maior desconfiança.

Chega a ser espantoso o fato de Diana não ter sido presa ou executada. A maioria das autoridades que ela contatou seria mais tarde condenada por crime de guerra. Eram, em geral, homens cruéis e implacáveis.

O ministro Artukovic, por exemplo, que apesar de não ajudá-la, tratou-a com certa gentileza, ficaria famoso por sua ordem de impedir o acesso de "sérvios, judeus, ciganos e cães" a parques, restaurantes e meios de transporte público, sob pena de execução. Depois da guerra ele seria condenado à morte por crimes contra a humanidade.

De todos os *ustashe* com que teve contato, o pior deles talvez tenha sido o comandante geral dos campos de Jasenovac, Maks Luburic.

Antes da guerra, Luburic fora um criminoso comum, tendo cumprido várias sentenças de prisão pelos mais variados crimes. Foi escolhido a dedo pelo líder Pavelic exatamente por sua índole sádica e violenta.

Após a guerra, foi encontrado um documento da *Wehrmacht*, o exército alemão, com informações sobre Luburic. Originalmente classificado como secreto, data de seis de dezembro de 1943. Está hoje em poder dos Estados Unidos e diz o seguinte:

Vjekoslav Maks Luburic — comandante geral dos campos de concentração na Croácia. Sob suas ordens, 80 mil pessoas já foram liquidadas em Stara Gradiska, 120 mil em Jasenovac e 20 mil em outros campos. Luburic participa pessoalmente dos massacres. É um grande sádico, dono de uma personalidade neurótica e patológica[8].

Após a guerra, Luburic escaparia da Croácia e fundaria uma organização terrorista chamada *Hrvatski Narodni Odpor* (Resistência Nacional Croata), que cometeu atentados na Alemanha, Espanha, Suécia e Canadá. Foi assassinado em Madri, em 1967, por um membro do serviço secreto iugoslavo.

Era justamente com esse homem — criminoso e sádico até na opinião dos nazistas — que Diana passaria a negociar a liberação das crianças. Por que um homem de tal índole a recebia, escutava-a e às vezes atendia a seus pedidos é um mistério, talvez até um milagre.

Diana, entretanto, seguia inabalável em sua iniciativa. Enquanto não conseguia permissão para retirar as crianças dos campos de concentração, enviava a elas pacotes de roupas, alimentos, medicamentos e vitaminas.

Parte dos pacotes jamais alcançava seus destinatários. Todavia, alguns deles acabavam chegando às crianças, o que era uma grande ajuda. Os itens procediam principalmente do grupo de conhecidos de Diana, que os levavam às escondidas

---

8 *Jasenovac and the Holocaust in Yugoslavia.* Editado por Barry Lituchy e publicado pelo Jasenovac Research Institute.

à clínica de seu marido Julio, aonde iam sob o falso pretexto de uma consulta médica. Essa corrente de voluntários, que foi aos poucos crescendo, incluía médicos e engenheiros, comerciantes e estudantes. A partir de 1942, seria conhecida como "O círculo de Diana". Representantes de organizações humanitárias, como o Caritas e a Cruz Vermelha, passaram também a colaborar.

Embora houvesse muita gente com boa vontade, não faltavam também delatores e espiões.

Certa noite, Diana teve sua casa revistada pela polícia *ustasha*, que anunciou que ela seria detida se encontrassem provas de que estava sendo enviada ajuda aos campos. Diana escapou por pouco. Apenas horas antes haviam sido despachadas de sua casa várias caixas contendo latas de leite em pó e tabletes de vitaminas. Dias depois, a Gestapo também apareceu à porta de Diana, e dali em diante suas visitas seriam frequentes.

Ainda assim, os colaboradores, sempre anônima e furtivamente, continuavam a aumentar. Até alguns oficiais nazistas passaram a ajudar em segredo. Um deles, o Capitão Albert von Kotzian, foi especialmente valioso. Por meio dele, Diana conseguiu pela primeira vez acesso direto aos campos de Jasenovac. A partir de então ela passaria a entrar frequentemente, disfarçada com um uniforme de enfermeira da Cruz Vermelha, nos campos que faziam parte do complexo de Jasenovac, entre eles o campo de Sisak, considerado o único campo de concentração exclusivo para crianças em toda a Europa.

Era grande o perigo a que ela se submetia nessas incursões. No Estado Independente da Croácia, homens como Maks Luburic tinham decisão de vida e morte sobre qualquer cidadão. Não era exigido nem mesmo que registrassem as execuções que aconteciam sob seu mando. Assim, se o fato de Diana ser uma austríaca de "sangue puro" talvez servisse como um fator inibidor para esses comandantes, de modo algum representava uma garantia.

O mesmo oficial que a recebia com boas maneiras e às vezes até a convidava a tomar um café poderia decidir executá-la no instante seguinte.

Tal atitude não seria nada extraordinária, como se vê pelo testemunho de um sobrevivente de Jasenovac:

O comandante ustasha *Ante Zrinusic tinha um* hobby. *Escolhia um prisioneiro com que simpatizasse e o levava à cafeteria do campo. O escolhido era alimentado com pão,* bacon, *vinho e outras iguarias por dois ou três dias. Durante esse período, o comandante mantinha longas e amistosas conversas com o prisioneiro e o levava consigo para onde quer que fosse. De repente, sem mais nem menos, ele o matava.*

Às vezes os comandantes faziam com que Diana esperasse por uma resposta durante um ou dois dias detida no próprio campo.

Numa dessas ocasiões, numa tentativa de desencorajá-la, deixaram-na aguardando por dois dias no mesmo alojamento das mulheres internas do campo, todas doentes e infestadas de sarna, piolhos e pulgas. Diana contraiu tifo, doença da qual carregaria sequelas para o resto da vida. Mas a enfermidade não foi suficiente para fazê-la desistir da missão que se impusera.

Contudo, retirar as crianças dos campos de extermínio, apesar de ser uma tarefa colossal e arriscada, era apenas o começo. Era preciso que se providenciassem locais onde alojar as crianças, além de toda uma infraestrutura de suporte a elas.

Para isso, Diana pediu ajuda ao homem que passaria a ser seu principal aliado no resgate e acomodação das crianças: o professor Kamil Bresler, diretor do Departamento de Proteção à Criança em Zagreb.

Em seu diário, Bresler descreve seu primeiro encontro com Diana:

Certo dia, uma senhora, Diana Budisavjlevic, pediu permissão para me ver em meu escritório. Quando se apresentou, fiquei sabendo que era a esposa de um dos médicos mais respeitados de Zagreb. Ela perguntou se eu sabia da existência de centenas de milhares de crianças prisioneiras nos campos de concentração de Stara Gradiska e Jasenovac, e que seriam mortas se não fizéssemos nada para salvá-las. Pensamentos disparavam pela minha mente: 'Milhares de crianças doentes. De quanto pessoal iríamos precisar? Como seria feito o transporte? E quanto aos guardas? Onde iríamos conseguir instrumentos médicos, louça, roupa de cama, comida?' Eu precisaria de pelo menos um mês para me preparar, mas sabia que até lá não haveria mais crianças. Os olhos grandes, escuros e cheios de compaixão daquela senhora perscrutavam minha face — pedindo, implorando, exigindo...

Ao final do encontro, apesar de todas as dificuldades, o professor Bresler concordou em começar a ajudar imediatamente.

As crianças resgatadas foram inicialmente alojadas em hospitais e centros médicos, como o Instituto para Crianças Surdas, em Zagreb. Parte delas seria depois colocada sob o cuidado de famílias dispostas a ajudar, especialmente famílias da zona rural, onde o aparecimento de novas crianças seria mais difícil de ser detectado pelas polícias nazista e *ustasha*.

Durante todo o processo, Diana ia mantendo um catálogo com os dados de cada criança resgatada: local de origem, idade, nome, sinais e marcas físicas que pudessem ajudar em sua posterior identificação. A ideia era devolvê-las às suas famílias biológicas quando a guerra terminasse. No caso de bebês ou crianças muito pequenas, podia ser impossível saber origem, nome e idade exata, mas Diana fazia o que podia, acrescentando a cada ficha a maior quantidade de detalhes. Além disso, tirava fotos de cada criança e as anexava à ficha.

Ao final da guerra o catálogo continha fichas de mais de 12 mil crianças resgatadas dos campos de concentração. Era nesse catálogo que os parentes das crianças vinham procurar quando eram liberados dos campos ou conseguiam escapar. Muitos viriam apenas em 1945, ao término da guerra. Mas a maioria jamais viria, pois não sobreviveria aos campos.

Há uma frase no final do filme *A lista de Schindler* que diz que os 1.100 judeus salvos por Schindler possuem hoje 6 mil descendentes. Por essa conta, os descendentes das crianças salvas por Diana seriam uns 70 mil ou mais se levarmos em conta que parte das pessoas salvas por Schindler já haviam passado da meia-idade e não teriam mais filhos, enquanto Diana salvou quase exclusivamente crianças.

Qual o motivo de haver ela se limitado às crianças? Na verdade, foi a única estratégia que, mesmo envolvendo um elevado risco, teria alguma chance de dar certo.

O ódio dos *ustashe*, os fascistas croatas, contra outras etnias da Iugoslávia, especialmente sérvios, era de uma ferocidade extraordinária.

Nacionalistas fanáticos e católicos fervorosos, os *ustashe* se ensanhavam contra todos que não fossem croatas e católicos. Em relação à religião, instituiriam o chamado "Plano dos Três Terços" para os não católicos: exterminar um terço, expulsar um terço e converter um terço.

Um dos símbolos *ustashe* era um crucifixo com um punhal, um revólver e uma granada apoiados sobre sua base, em uma grotesca profanação da religião da qual se julgavam seguidores exemplares (aproveito a ocasião para tentar deixar claro o que até hoje, infelizmente, ainda não está: a maioria dos croatas não apoiava as atrocidades dos *ustashe*. Afirmar o contrário seria o mesmo que dizer que todos os alemães apoiavam os nazistas ou que todos os brasileiros apoiavam as torturas e desaparecimentos durante a ditadura militar).

Diana vivia naquela região havia mais de vinte anos. Ela estava bem ciente desses conflitos étnicos, que, aliás, não se resolveram satisfatoriamente até os dias de hoje.

Diana sabia que, mesmo agindo em segredo e com extrema cautela, teria que contar com um pouco de vistas grossas das autoridades, coisa que seria impossível se tentasse salvar também adultos, mesmo que fossem mulheres ou velhos.

Embora em algumas de suas primeiras tentativas ela também houvesse salvado adultos, Diana logo percebeu que, à medida que sua missão ganhava dimensão, a única chance de evitar que a Gestapo ou a polícia *ustasha* pusessem um término às ações de resgate seria se limitar às crianças, pois até alguns *ustashe* demonstravam hesitação quando se tratava de crianças ou bebês.

Diana relata em seu diário: "Os *ustashe* não estão sabendo o que fazer com as crianças pequenas e as estão jogando no Rio Sava[9]".

Os prisioneiros também sabiam disso. Ao tentar, certa vez, liberar um grupo de mulheres que chegava à estação de Zagreb com destino a Jasenovac, Diana ouviu de uma delas:

— Não perca tempo conosco, você não vai conseguir nada. Milhares de crianças ficaram órfãs no campo de Stara Gradiska. Os pais foram levados para trabalhos forçados na

---

9 O Sava é um afluente do Danúbio e conecta as capitais da Croácia (Zagreb), Sérvia (Belgrado) e Eslovênia (Ljubljana), passando também pela Bósnia e Herzegovina. O campo de Jasenovac ficava às margens desse rio e milhares de prisioneiros foram jogados ali após serem executados.

Alemanha. Tente salvar as que sobreviveram, ainda há mais de mil delas.

Assim, já no início de sua ação, Diana percebeu que para salvar o maior número de vidas, seria necessário que direcionasse todos os seus esforços para as crianças.

•••••

Não foi fácil para Diana, como não seria para qualquer ser humano normal.

O trabalho incessante, as noites inteiras sem dormir, o *stress* causado pelas frequentes visitas da Gestapo e da polícia secreta *ustasha* e a pressão que ela própria se infligia, na tentativa de salvar sempre mais crianças, cobraram seu preço.

Em setembro de 1943, Diana começou a ter alguns episódios de lapsos de memória e alucinações. Em seguida sofreu um colapso nervoso. Chegou a estar semiconsciente por cerca de três dias. Em seus delírios, lutava contra os *ustashe*. Teve que ficar três semanas sob cuidados médicos.

Em meados de outubro retomava sua missão, contrariando os médicos, que a achavam ainda muito fraca. Entre outras sequelas, Diana havia perdido muito peso. Passara de seus usuais 60 quilos para apenas 44.

O perigo por esta época também pareceu aumentar. Certos colaboradores da ação foram presos e enforcados, ou enviados para campos nazistas e *ustashe*.

Mesmo magra, debilitada e com os nervos abalados, ela continuou retirando crianças dos campos de morte.

Embora nem todas sobrevivessem, pois em alguns casos já estavam demasiado desnutridas e doentes, até o final da guerra Diana resgataria mais de 12 mil crianças.

Em meados de abril de 1945, com o avanço dos aliados, os *ustashe* passaram a explodir, incendiar e demolir os campos de concentração, executando os prisioneiros que restavam, numa tentativa de esconder seus crimes. Em 22 de abril, com a coragem dos que não têm mais nada a perder, os 1.060 prisioneiros remanescentes em Jasenovac se rebelaram. Apesar de fracos e desarmados, lançaram-se contra os guardas e sentinelas do campo.

Sob intenso fogo das metralhadoras *ustashe,* apenas oitenta prisioneiros conseguiriam sair com vida do campo, refugiando-se em bosques e vilarejos próximos.

Por essa ocasião, o domínio *ustasha* já se restringia apenas à cidade de Zagreb.

Em 30 de abril, os *ustashe* perdiam as últimas esperanças ao saber do suicídio de Hitler em seu *bunker* em Berlim. Hitler fora o maior suporte *ustasha* no palco de guerra europeu, seguido de Mussolini, que fora executado dias antes.

No início de maio, Ante Pavelic fugiria de Zagreb. Cerca de 400 mil de seus partidários fariam o mesmo nos dias seguintes. O líder *ustasha* conseguiria chegar à Argentina, onde se tornaria assessor de segurança do ditador Juan Perón. Viveu tranquilamente em Buenos Aires até 1957, quando levou dois tiros de um agente do serviço secreto iugoslavo. Apesar de ferido, sobreviveria ainda dois anos, vindo a falecer em 1959, em um hospital alemão de Madri, por sequelas dos ferimentos à bala. Tinha 69 anos.

Após a guerra, os países da Iugoslávia (Croácia, Sérvia, Macedônia, Montenegro e Bósnia-Herzegovina) foram reunidos sob a ditadura comunista do Marechal Tito, que duraria até a morte deste, em 1980.

Em 28 de maio de 1945, Diana recebeu uma visita de funcionários do Ministério Social de Tito, que confiscaram todo o arquivo referente às crianças. Este era composto de cinco cadernos, cinco álbuns de fotos, 12 mil fichas individuais que ocupavam 25 gavetas e um caderno contendo sinais físicos que ajudariam na identificação das crianças (pintas, cicatrizes, marcas de nascença, etc.).

Mesmo após o confisco, centenas de pais e parentes continuaram a procurar Diana em busca de informações sobre as crianças. Ela ficava desolada por não ser capaz de ajudá-los, não tendo mais as fichas.

O governo de Tito passou a suprimir qualquer informação relativa aos horrores de Jasenovac em nome da "fraternidade e unidade da nova Iugoslávia".

Em 1948 foram destruídos os crematórios e o que restava das ruínas dos campos de Jasenovac, numa tentativa de apagá-los definitivamente da História.

Qualquer referência ao holocausto na Croácia era considerada pela ditadura comunista uma tentativa de incitar o ódio entre os "povos irmãos iugoslavos" e desestabilizar a paz e a ordem da nova nação. As atrocidades dos *ustashe* caíram no esquecimento perante o mundo durante quase quatro décadas de ditadura comunista, mas na região o tema gera até hoje violentas discussões, principalmente entre sérvios e croatas.

Após a queda do muro de Berlim e a derrocada do comunismo em todo o leste europeu, os países que formavam a Iugoslávia outra vez se separaram. A partir de então, houve uma série de guerras e conflitos na região, como a guerra entre Croácia e Sérvia em 1991 e a "limpeza étnica" atribuída ao líder sérvio Slobodan Milosevic em 1998, mais tarde julgado em Haia por crimes contra a humanidade.

A situação permanece tensa, e a pretexto de evitar o acirramento de antigos ressentimentos entre as diversas etnias da região, o holocausto de Jasenovac permanece oficialmente coberto por um espesso véu de silêncio.

Até hoje historiadores sérvios e croatas não chegaram a um consenso em relação ao número de vítimas que perderam suas vidas no complexo de campos de Jasenovac, sendo que as cifras mais aceitas oscilam entre 300 mil e 700 mil mortos (tais números se referem apenas aos que morreram dentro de campos de concentração).

A região dos Bálcãs é considerada o barril de pólvora da Europa.

• • • • •

Em 1972, Diana retornou à sua cidade natal na Áustria. Ali viveria até sua morte, em 20 de agosto de 1978, aos oitenta e sete anos.

O ex-diretor dos arquivos militares da Iugoslávia, historiador e escritor croata Antun Miletic, em uma resenha sobre os diários de Diana, faz a seguinte declaração:

É uma pena que uma mulher tão nobre como Diana Budisavljevic, uma austríaca que salvou tantas crianças sérvias, judias, croatas e ciganas, não receba nenhum reconhecimento histórico. Ela merece um monumento em sua memória e ruas batizadas com seu nome.

Em 2003, os Arquivos de Estado da Croácia publicaram em uma pequena tiragem de 700 exemplares uma edição do diário de Diana.

Em 2008, recebi uma mensagem de um austríaco chamado Johannes Norz. Ele dizia ter sido vizinho de Diana no último período que ela vivera em Innsbruck e soubera pela Internet sobre o salvamento das crianças. No mesmo site ele encontrou um e-mail meu para contato. Transcrevo alguns trechos de sua mensagem:

Tendo nascido em 1961, eu era muito novo para saber certas coisas sobre Diana Budisavljevic. No entanto, lembro-me dela como uma senhora já com bastante idade e um enorme coração, mais uma 'tia' que eu adotara — eu tinha várias delas quando criança, mas Diana era minha preferida.

Achei que meu pai, Michael Norz, soubesse algo mais a respeito dela, mas ele me disse que Diana nunca comentou nada sobre sua ação durante a Segunda Guerra. Quando lhe contei, ele ficou absolutamente surpreso. Seria possível que ela não estivesse orgulhosa de seu feito? Ou talvez fosse modesta demais para falar sobre isso? Meu pai e eu estivemos conversando muito a esse respeito, e estamos certos de que seu próprio silêncio é uma das razões de sua ação ter sido tão pouco reconhecida.

Em minha opinião, esse é o maior elogio que posso fazer a Diana: ela era apenas uma mulher comum. Nunca almejou ser uma heroína ou uma 'superstar'.

Temos orgulho dela!

Semanas após receber este e-mail, conversei com minha prima Silvia, neta de Diana que mora na Croácia.

Mencionei este silêncio em relação a Diana. Silvia, que conviveu bastante com a avó, disse que nem em família Diana costumava comentar sobre sua ação durante a Segunda Guerra, principalmente porque não via nada de extraordinário no que fez. Se o assunto eventualmente vinha à tona, ela apenas dizia: "Fiz o que devia fazer e o que consegui fazer. E foi isso".

•••••

O relato sobre Diana e sua ação sem paralelos na História, embora extraordinário, não fala de premonições, de profecias, e nem de contatos espirituais, como acontece nos demais capítulos deste livro.

Incluí tal história para mostrar a que Íside se referia ao mencionar o grande poder de inspiração e de mudança que pode gerar uma ação iniciada por uma única pessoa. A ação de Diana começou com sua iniciativa individual, à qual aos poucos se agregaram colaboradores (até mesmo oficiais nazistas), numa verdadeira corrente do bem, "O círculo de Diana".

"A inspiração por meio de exemplos é capaz de produzir verdadeiros milagres", escreveu Diana em um de seus diários.

Mas o motivo principal de eu ter inserido neste livro a gigantesca proeza de minha bisavó, uma simples dona de casa de classe média e de meia-idade, e que não dispunha de arma nenhuma a não ser uma férrea determinação e uma imensa coragem, é que vocês, leitores, saibam que no capítulo anterior, quando disse que cada um de nós pode fazer a diferença, é porque realmente acredito nisso.

Como não acreditaria, sendo Diana minha bisavó?

EPÍLOGO

Não há iluminação sem um pré-estágio emocional.
(Marie Louise Von Franz)

Quando o coração soluça pelo que perdeu,
a alma sorri pelo que encontrou.
(Aforismo Sufi)

No dia oito de julho de 2008, fui visitar o sítio, após quase um ano sem por os pés ali — um ano menos dois dias, para ser exato.

Para minha surpresa, quase nada havia mudado.

Minhas árvores não haviam sido cortadas, como eu tanto temera.

Aliás, não eram mais minhas (e como me soa estranho o pronome possessivo, agora que escrevo esta conclusão). Que importava isso, afinal?

"Estão aqui, continuam aqui, é isso o que interessa!", pensei assim que as vi, como numa revelação.

"Não são mais minhas". Mas que bobagem, que ilusão! Se nunca foram!

Plantei-as, sim, mas nunca foram minhas. São do mundo, são do Cosmos, são de Deus!

Ao passar pela casa principal, vi uma mulher na varanda. Era a nova caseira. Após retribuir o cumprimento que ela me fizera, comentei:

— Um ano e não mudou nada!

— As árvores, você quer dizer? — indagou ela, que notara o quão detidamente eu estivera a observar as plantas.

— Tudo, tudo... — respondi, vago.

A caseira carregava no colo uma bebezinha.

— Como se chama? — perguntei.

— Giovana.

— Que idade tem?

— Seis meses.

Lembrei-me então da "revolta da natureza". Eu passara meses a fio contabilizando mortes e tragédias que pudessem estar de algum modo ligadas ao sítio, vidas que chegavam ao fim ou dele escapavam por pouco. E nem tomara conhecimento de que, na mesma época, uma vida se iniciava ali dentro.

Chamava-se Giovana e tinha seis meses. Um ano da venda do sítio. Os últimos seis meses, portanto, da gestação, e os primeiros seis meses de vida de Giovana, ali, no sítio.

A renovação.

Um bebê lindo. "Mas todos os bebês são lindos!", parece que já ouço alguém dizer. Sim, talvez todos sejam lindos. Mas Giovana sorria. Podia estar chorando diante de um estranho, mas não. Sorria. Sorria enquanto, com uma de suas mãozinhas, apertava um dedo da mão que eu lhe estendia.

O bebê que minha irmã perdera teria a mesma idade, talvez pouco mais. No entanto, em que o fato de Giovana não ser minha sobrinha me impedia de sentir apreço por aquela nova vida que se iniciava?

Apreço somente? Por que não amor?

Não fora a visão desse bebezinho a coroar de felicidade aquela tarde que eu antecipara como tão triste e nostálgica?

Não seria então, mais que apreço, verdadeiro amor por aquela vida? Não seria esse o genuíno amor incondicional, em oposição ao amor "condicional" — amo *se* for minha sobrinha, amo *se* for minha filha, amo *se* for filha de alguém que eu goste ou conheça...

Por acaso Diana conhecia as crianças pelas quais arriscava sua vida? Eram crianças "dela"?

Como não amar um bebê que, do colo materno, agarra-lhe um dedo com a mãozinha e sorri, confiante, como se ele próprio quisesse dizer que o ama? Como não se contagiar por esse amor?

— Talvez eu volte no próximo ano — disse, despedindo-me da caseira e acariciando mais uma vez a cabecinha loira do bebê.

Sim, Giovana é loira. Loira e de olhos escuros e brilhantes, sorridente e vivaz. Tal como a menina que aparecia em meus sonhos, só que mais nova. Poderia ser ela? Por que não? Mas, e quanto àquela outra, a que desaparecia na praia? Afinal, a menina dos sonhos era ou não minha sobrinha?

Paciência e humildade.

Paciência e humildade, devo me lembrar, toda vez que me vem a avidez por respostas.

Devo, por ora, contentar-me com o que sei, e o que sei é que jamais voltaria a passar anos, como no sonho da estátua, revolvendo as areias do tempo.

Estarei crescendo espiritualmente? Estarei escolhendo evoluir?

Chega de perguntas.

• • • • •

Ao chegar em casa, naquela tarde, vi uma foto minha de quando tinha dez anos de idade, ao lado da figueira que já mencionei. O ano era 1982.

Vinte e cinco anos depois, 2007, eu olhara a mesma árvore, então gigantesca, pensando que fosse pela última vez. Agora, em 2008, via outra vez a figueira. Firme e forte; pareceu-me ainda maior.

Se aquela cigana estiver certa, e eu partir desta aventura espiritual em 2064, é bem provável que a árvore ainda esteja lá. As figueiras são muito longevas. Porém nem mesmo a figueira durará para sempre. Assim dita a Natureza.

Datas, fases, épocas. Que importam ao espírito, que pertence ao infinito?

No entanto, também ao tempo nos apegamos, e esse apego, como todos os outros, nos deixa estacionados, estáticos.

Desapego — dizia-me o visitante da Casa do Sol naquela primeira madrugada de 1998.

Quando se entende isso, deve se entender também que a própria vida mesma está contida em uma época e, como esta, também passa, é fugaz. Portanto, nem à própria vida devemos nos apegar.

Não?

Apreço sim, *apego* não.

O apreço é o que nos permite — como diz a própria palavra e desculpem a obviedade — apreciar a vida. O apego, pelo contrário, nos impede de apreciá-la, pois cria o medo fútil e irracional diante do inevitável: o fim de um ciclo de vida. Medo, também, diante de tudo que simbolize esse fim: morte, doença, velhice.

O apegado se torna inseguro, angustiado, hipocondríaco. Obcecado com a juventude, não concede a si a oportunidade do amadurecimento. Passa a ser um escravo das aparências e das circunstâncias e um eterno insatisfeito. Nunca está em paz, e a vida lhe pesa. Sua perplexidade e seu despreparo diante do intangível fazem com que se volte com avidez para o outro extremo: a matéria. Daí vêm as dependências e as compulsões por dinheiro, comida, sexo. Nada, porém, parece preencher o vazio que ele sente dentro de si, e o medo o consome por completo. Torna-se amargo, individualista e mesquinho, desconfiado e superficial.

De tanto se apegar à vida, e particularmente ao seu aspecto mais grosseiro — o material, ele a impede de fluir, entrava-a.

O que deveria transcorrer com suavidade divina passa a se arrastar, a emperrar.

Não deve ser assim! Entendi, enfim. Não *pode* ser assim.

Concluí, naquele dia, que não é só a coisas e a lugares que não devemos nos apegar, mas também a eras e a encarnações.

Pois nossa alma é imortal, nosso tempo é eterno, e nosso lugar é o infinito.